諮商督導
的臨床筆記

—————————————— 林家興　著

作 者 簡 介

林家興

學歷
- 美國肯塔基大學諮商心理學哲學博士
- 美國南加州心理分析學院進階心理分析治療結業

經歷
- 美國舊金山總醫院、麥考利神經精神醫院及列治文心理衛生中心
  實習心理師
- 美國洛杉磯太平洋診所亞太家庭服務中心心理師兼助理主任
- 國立臺灣師範大學教育心理與輔導學系專任教授
- 臺北市諮商心理師公會創會理事長
- 臺灣諮商心理學會創會理事長

執照
- 美國加州心理師考試及格
- 臺灣專技高考諮商心理師考試及格

現任
- 國立臺灣師範大學教育心理與輔導學系兼任教授

自　序

過去很長一段時間，我在臺灣師大講授「諮商督導研究與實習」和「諮商專業實習」等課程，以及在校內外擔任實習心理師、執業心理師和輔導教師的諮商督導，累積了許多和心理諮商訓練及督導有關的筆記。今（2017）年上半年，我利用教授休假研究的機會，將這些筆記加以整理和補充。經過六個月的資料整理和撰寫，現在終於出版本書，可以和讀者分享我對於諮商與心理治療及臨床督導的個人經驗與看法。

　　本書共計 12 章，內容包括：專業認同與素養、初談與個案評估、諮商架構與關係、諮商技術與策略、臨床敏感度與判斷力、未成年人與非自願的個案、諮商專業倫理、執業範圍與工作場域、實習心理師的訓練、實習心理師與督導、行動心理師與私人開業，以及初次晤談教學案例。這些章節名稱並非事先擬訂，而是受督者遇到的真實問題與諮商督導給予解答的真實反應。本書內容可以說是個人從事諮商督導教學與實務的經驗彙整，包括對於諮商與心理治療的觀點、對於心理師的定位與訓練，以及擔任臨床督導的心得與體會。

　　本書預設的讀者是從事臨床督導工作的資深心理師，以及有興趣成為臨床督導的心理師。隨著心理師培育機構和實習機構的逐年增加，以及心理諮商專業服務日漸普及，我們對於諮商督導的需求愈來愈大，如何培訓

有效能的臨床督導成為繼續教育的新領域。本書希望可以在督導培訓的領域裡，提供一本具有本土實踐色彩的督導專書，有助於資深心理師順利成為有效能的臨床督導。

從事諮商與心理治療的專業助人工作者，包括：實習心理師、諮商心理師、臨床心理師、臨床社會工作師，以及輔導教師等，也可以從閱讀本書中獲益，提升專業和臨床的能力，可以更周延而進階的實施評估診斷與個案概念化，以及諮商與心理治療的介入。具有實際接案和督導他人經驗的讀者，在閱讀本書時將可獲得更多的體會和學習。

本書既然是臨床筆記，內容自然不會涉及督導理論和實務的系統介紹，而是隨興分享個人從事諮商與心理治療及諮商督導的觀點和經驗，適合作為「諮商督導訓練」和「諮商專業實習」課程的補充教材。本書提供詳細的目次、各章大綱和索引，讀者可以從第一章看起，也可以根據自己的需要和興趣，挑選任何一章或小節閱讀。希望可以藉由閱讀本書刺激讀者去思考我所遇到的臨床問題，並提出自己的觀點和作法。

為了讓讀者容易閱讀本書，我想針對「督導」一詞做點補充說明。本書使用的「督導」一詞，視上下文會有三種含意：第一是名詞的督導

（supervisor），是指督導者或督導師，在諮商機構裡常用諮商督導稱呼他們；第二是動詞的督導（supervise），是指督導者教導、訓練和監督受督者（supervisee）的意思；第三是名詞的督導（supervision），是指諮商督導或臨床督導這個業務或工作。

　　本書的完成，要感謝臺灣師大給我教授休假研究的機會，才能有時間專心撰寫本書；我要感謝許多受督者在督導時，提出值得探討的臨床問題，這些臨床問題和解答成為本書的主要內容；我也要感謝非常認真的許玉霜、林烝增、羅明榮和涂繼方四位心理師，在閱讀本書初稿時，提供許多寶貴的修正建議，使本書在內容和編輯上更容易閱讀和理解。最後要謝謝心理出版社執行編輯陳文玲小姐的專業協助。本書的撰寫雖然力求完善，如有不妥或錯誤之處，還請讀者見諒並惠予指正。

林家興

2017 年 6 月 12 日於臺北

目次

第一章・專業認同與素養 ／009

第二章・初談與個案評估 ／023

第三章・諮商架構與關係 ／039

第四章・諮商技術與策略 ／049

第五章・臨床敏感度與判斷力 ／073

第六章・未成年人與非自願的個案 ／089

第七章・諮商專業倫理 ／101

第八章・執業範圍與工作場域 ／115

第九章・實習心理師的訓練 ／135

第十章・實習心理師與督導 ／149

第十一章・行動心理師與私人開業 ／165

第十二章・初次晤談教學案例 ／177

參考文獻 ／189

中文索引 ／191

英文索引 ／195

第一章

專業認同與素養

一‧什麼是專業認同？

二‧什麼是專業素養？

三‧心理師要有主治的概念

四‧心理師的非藥物處方

五‧心理師是獨立專門執業人員，
　　不是技術人員

六‧心理諮商就是講講生活，想想人生

七‧心理師不適合跑到事件第一現場

八‧心理師被個案性騷擾該怎麼辦？

九‧大學諮商中心一定是行政工作
　　多於專業工作嗎？

十‧平常不提供心理諮商服務，
　　關鍵時刻不可能提供危機處理

十一‧心理師會因為缺乏接案機會而
　　　士氣低落

一 什麼是專業認同？

　　每個專業都有各自的專業認同（professional identity），在英文中的 psychologist（心理師）、counselor（諮商師）、school counselor（學校諮商師）、social worker（社工師），以及 psychiatrist（精神科醫師）都有各自的專業認同。相同專業的人會參加自己專業的學會，閱讀自己專業的期刊，也會參加自己專業的繼續教育，並且會參與攸關自己專業權益的活動等。

　　在臺灣，和心理衛生有關的專業，主要是精神科醫師、心理師、社工師，以及輔導教師。其中，心理師再分為臨床心理師和諮商心理師，輔導教師也可以分為輔導活動科教師和專任輔導教師。我們平常從英文文獻中讀到的諮商師和治療師這兩個名詞，在臺灣現有的法規中並不存在，因此以這兩類為專業認同的人，會感覺自己的專業身分比較不明確，缺乏專業的歸屬感。

　　Counselor 一詞在大陸通稱為心理諮詢師，在臺灣通稱為諮商師。School counselor 在臺灣通稱為輔導教師，在大陸通稱為心理健康教師。Therapist（治療師）一詞在北美通常用來泛稱所有從事諮商與心理治療的專業人員，包括精神科醫師、心理師、臨床社會工作師、婚姻家庭治療師和專業諮商師等。

　　我覺得從事心理諮商或心理治療的人，最好有一個清楚的專業認同，例如認同心理師或諮商心理師。當然，對於持有雙證照的人來說，可能會有雙重認同的困擾，當兩個專業發生業務範圍爭議的時候，不知道要站在哪一邊。認同兩個或以上專業的人，對於不同專業的認同程度也會有比例上的不同，可能以某一專業為主要認同，其他則為次要認同。

　　還有一些人可能不知道要認同哪一個專業，或選擇不認同任何一個專

業，會參加跨專業的學會、會閱讀跨專業的期刊，也會參加跨專業的繼續
教育。

為了了解心理師的職業和定義，我查閱了幾個網路辭典，條列如下：

1. 心理師是一位受過訓練和教育，去從事心理研究、測驗和治療的人
（Editors of The American Heritage Dictionaries, 2002）。

2. 心理師是衡鑑和研究行為與心理歷程的專業人員（Wikipedia,
2017）。

3. 執業心理師具有專業訓練和臨床技能，能幫助民眾學習有效的適
應生活和心理健康問題（American Psychological Association [APA],
2017）。

無論如何，心理師是一個專業，是從事評估與治療心理疾病的專業，
也是廣義上的心理衛生專業人員，並且是廣義上的醫事人員。

二 什麼是專業素養？

專業是指一個需要透過長時間且密集的學術養成教育，才能擁有特殊
知識技能的專門職業，像是律師、醫師、會計師、心理師等。因此，心理
師是一個專業，每個心理師便要有專業的樣子，而專業的樣子便是文獻上
所謂的專業素養（professionalism）。那麼專業素養又是什麼呢？根據
Merriam-Webster（2017）辭典，專業素養是指專業人員應有的言行舉止和
行為表現的素質，包括下列的特質：

1. 擁有特殊知識。

2. 具備專業能力。

3. 為人誠實正直。

4. 能為自己的言行負責。

5. 在壓力下工作時能夠沉著穩重、自我節制。

6. 維持良好的形象。

在臺灣，如果心理師有下類的言行表現，我會認為有損心理師的專業形象：

1. 穿著清涼，例如穿著熱褲或迷你裙接待個案，出席專業活動。

2. 在執行業務時，講話粗俗，用三字經罵人。

3. 上班時穿著奇裝異服，不修邊幅。

4. 心理諮商時使用牌卡為個案算命。

5. 以心理師名義，參加迎神賽會、進香繞境活動。

6. 使用非專業稱謂，在個案面前自稱叔叔、阿姨、大哥或大姊等。

7. 執業時抽菸、喝酒、嚼檳榔。

心理師平時的言行舉止、為人處事、執行業務，都要盡量表現出專業的樣子，不僅維護自己的專業形象，也要維護整體心理師的形象。心理師執業有點像開銀行，民眾把辛苦賺來的錢存在銀行，是因為相信將來需要用錢的時候，銀行會很有信用的把錢還給民眾。民眾面對心理師，願意把心理的問題和困擾講給我們聽，是相信我們會對他們的隱私保密，也會幫忙緩解他們心裡的痛苦。有專業素養的心理師自然容易讓人產生信任的感覺，個案才願意把心裡的問題託付給我們處理。

心理師要有主治的概念

在醫療體系有主治醫師的概念，病人在門診或住院接受診療的時候，會有一位醫師專門負責這位病人的診療工作，這位醫師便是主治醫師（attending physician）。主治醫師除了負責這位病人的診斷和治療，還包括各種檢驗、入出院的安排等，也就是說，主治醫師可以統籌規劃這位病人所有相關的診療照護。

主治的概念也適用於心理師，特別是心理諮商所、心理治療所，以及心理諮商機構。主治心理師負責病人的初診、心理衡鑑、心理治療，以及其他相關的照護服務，例如個案管理、危機處理、轉介照會、資源整合等。

主治心理師（attending psychologist）負責病人的開案和結案，以及主要的諮商與心理治療服務，機構內的其他心理師和工作人員如果要提供任何服務給這位病人，應該透過主治心理師的安排，而不是各做各的。主治心理師經過初步評估之後，擬定一個周延的治療計畫，並視需要把治療計畫當中的部分診療工作，分配給其他工作人員來執行。比較複雜的病人，主治心理師可以指定某一工作人員擔任其個案管理員。

心理師有主治的概念，才容易維持良好的服務品質，服務團隊比較可以有效的分工合作。機構的工作人員也應該提醒病人，如果有任何診療上的問題，應該先和主治心理師討論，避免讓個案到處諮詢其他工作人員。

當病人有藥物治療的需要時，主治心理師可以用照會的方式，請病人去看醫師，並且請病人把照會結果帶回來給主治心理師，當主治心理師能夠掌握病人的各項診療工作時，將可以維持最好的服務品質。

四 心理師的非藥物處方

　　心理師是從事心理疾病診斷與治療的專業人員。心理師評估和診斷當事人之後，通常會視需要提供衛生教育、諮商與心理治療、個案管理、資源轉介、家庭作業、心理測驗，或其他處遇建議等。

　　心理師也可以像醫師一樣開立處方箋（prescription），不過開的是非藥物處方，例如：運動處方、飲食處方、休息處方、家庭作業等，要求病人和家屬配合心理師的囑咐去執行。

　　以團隊方式進行病人照護服務的心理師，可以開立非藥物處方，並由相關人員，如病人、家屬、社工、教師或志工等執行。對於一般比較單純的個案，心理師可以自己執行處方，對於比較複雜的個案，心理師則以處方的方式，交代相關人員協助處方的執行。

　　非藥物處方是心理師可以善加利用的概念和方法。心理師可以開立非藥物處方，讓個案在諮商室以外的時間和場所，接受必要的觀察紀錄、個案管理和衛教服務。

五 心理師是獨立專門執業人員，不是技術人員

　　心理師在醫院任職，往往被精神科醫師當作技術人員使用。專業人員和技術人員的最大差別，在於專業人員可以獨立執業，並且從事專業的判斷，也就是在各種灰色或模糊的空間進行專業判斷。而技術人員則是依照一定的程序進行工作。

　　醫院的技術人員如醫檢師，便是執行醫囑的技術人員，檢查結果由醫師判讀。醫院裡的心理師經常被醫師期待去執行醫囑，進行心理衡鑑和心

理治療，長此以往，心理師漸漸就成為醫師的技術人員了。

在醫院以外的場域執業的心理師，包括開設心理諮商所或心理治療所的心理師，則享有高度的獨立執業權限，並且是個案的主治心理師，從個案的診斷到治療，心理師可以獨立進行，不需要醫囑。根據專業倫理和心理師法，心理師執行業務時，遇到罹患腦傷和精神病的病人還是要照會醫師，以便讓病人獲得適合的醫療協助。

在學校執業的心理師，要避免成為校長或輔導主任的技術人員，去執行學校行政人員的要求。不論在醫院、學校、社區或心理諮商所，心理師都不應該依賴醫師或別人的評估診斷，而是要進行獨立的評估診斷，根據個案的需要和最佳福祉，進行專業服務。

心理師不宜妥協自己的專業判斷，任由非諮商與心理治療專長的醫事人員或行政主管來指導其專業作為。任職於醫院和學校的心理師，在諮商與心理治療的專業領域裡享有獨立執業的特權，這是因為多數醫師和輔導主任沒有受過足夠的諮商與心理治療的專業訓練，聽從非諮商與心理治療專長的醫師與輔導主任，會有違反專業倫理和傷害個案權益的風險。

六 心理諮商就是講講生活，想想人生

心理諮商可以說是一種很專注的談話，在心理師的陪伴之下，讓當事人有機會講講生活，想想人生，對自己的言行舉止、想法、情緒和行為增加自我覺察。心理諮商一點都不神祕，當事人被心理師教導誠實的面對自己，學習如何把生活過得更好，把重要的人際關係維繫得更好，想想如何把這一生過得更好、更有意義。

醫院心理師常常和精神科醫師一樣，在心理治療的時候，只是跟病人

談他的症狀和問題。矯正機構的心理師常常和檢察官一樣，在心理諮商的時候，只是跟個案談他的犯行和過失。心理師如果想要發揮諮商助人的效果，一定要順著當事人的慾望和需要晤談，不能像醫師或檢察官一樣，只看個案的負面行為。

一個以當事人為中心的心理師，會尊重當事人想要談話的主題，以及揭露自我的速度。一個以工作為中心的心理師，就會像例行公事般去詢問和核對當事人的症狀和犯行，以確保心理師依法行政。以工作為中心的心理師，不可能贏得當事人的信任，因此，心理諮商的成效也是有限的。

心理治療是一個令人誤解的名詞，因為心理師不可能去「治療」當事人，心理諮商或心理諮詢是一個比較平等、尊重的名詞。唯有在一個信任的諮商關係下，鼓勵當事人講講生活，想想人生，心理諮商的效果自然就會發揮出來。

七　心理師不適合跑到事件第一現場

不論是學校心理師、醫院心理師或社區心理師，都不宜因為有人找你去，就前往事件第一現場。心理師應充分了解，在諮商室以外的場所，由於不熟悉外在環境、環境中人事物的變數很大，以及要面對的是不認識或不熟悉的個案，常常很難發揮心理諮商的效果。這是因為心理師在諮商室以外的地方接見個案，通常無法透過諮商架構和諮商關係來進行諮商工作。

由於學校老師或學務人員並沒有心理諮商相關背景，在不了解的情況下，有時會請心理師到班級去處理學生衝突，但這種處理方式就不是心理諮商了。如果心理師的個案也參與學生衝突或師生衝突，心理師更不適合到班級去處理。有關班級的問題，可以請導師去處理，有關個案的部分，

可以請他人把個案帶到諮商室來見心理師，讓心理師可以在諮商室運用諮商關係和諮商架構去工作，去幫助個案。

例如：某大學生在宿舍情緒失控揚言要自殺，這個時候宿舍輔導員應該請校安人員到宿舍協助安撫學生，而不是請輔導老師或心理師跑到宿舍去輔導學生。宿舍輔導員或校安人員如果認為有需要，可以把學生帶到輔導中心，讓輔導老師或心理師接手去進行評估和處理。

心理師可以適當的教育學校老師或輔導主任、組長，避免讓心理師跑到事件第一現場，因為這樣做的效果有限。更適當的作法是把個案安全的帶到諮商室，交給心理師去處理。心理師在自己熟悉的地盤工作，依照諮商的架構進行處遇，必要時又有輔導團隊的支援，這才是心理師處理危機個案的上策。

八　心理師被個案性騷擾該怎麼辦？

偶爾會聽聞，有些心理師被個案以講黃色笑話，或用手碰觸身體等方式對待，心裡感覺很不舒服，認為自己被個案性騷擾，想要終止個案的心理諮商，甚至想要把個案移送學務處或性平會懲處。

心理師不是一般民眾，我認為心理師看待個案的不適應行為和一般民眾不一樣。作為一名專門執業的心理師，面對個案的不適應行為，除非是暴力攻擊心理師或危害公共安全，心理師不僅不該終止個案所需要的心理諮商，更應設法去幫助個案改善不適應行為。

心理師應該以助人工作者的角色去理解個案的性騷擾。這其實就是個案的偏差行為和心理症狀，心理師不宜很快地掉進受害者的位置，想要移送個案去學務處或性平會懲處。

　　心理師在權力位階上遠高於個案，遭受個案的口語攻擊或性騷擾，就退化為一般人或受害者，這樣並不是一位專業心理師應有的反應和態度。心理師面對個案的口語攻擊或性騷擾的時候，反而要學習去包容和理解個案的不適應行為，並且透過諮商架構和諮商關係去協助個案，改善個案的口語攻擊和性騷擾，例如：心理師可以使用指令或暫停（time out）的技術，協助個案處理（process）他剛才對心理師所表現的不適當行為和背後的動機與想法等，這才是心理師幫助個案的正確方式。

九　大學諮商中心一定是行政工作多於專業工作嗎？

　　我覺得大學諮商中心的經營涉及專業認同，一位認同行政工作的主管就會要求或增加心理師的行政工作，一位認同專業工作的主管就會要求或增加心理師的專業工作。

　　一位行政取向的主管，會有意無意的要求或增加心理師同仁的行政業務量，例如：要求心理師同仁請假要寫簽呈，帶團體要撰寫團體輔導計畫，開會要做紀錄，和相關單位可以用電話或開會處理的事情，卻大量使用公文去會辦和請示。在這樣行政取向的主管下工作，心理師的行政工作一定會排擠到學生的直接服務。

　　我在擔任臺灣師大學生輔導中心（簡稱學輔中心）主任的時候，因為認同專業工作，因此會特別減少行政工作，以下是我減少行政工作量的方式，提供給讀者參考：

1. 固定每週四上午 10 至 12 點是中心的會議時間。因為這是例行會議，因此我指示心理師同仁不需要製發開會通知單，不需要製作議程，會議時不需要簽到和做紀錄。

2. 所有發文到學輔中心的公文，涉及重要人事與預算的才給我看，其他公文則以存查歸檔。

3. 能夠在中心會議或行政督導的時候處理的中心事務，不需要寫簽呈給我。

4. 每學期我都阻止心理師同仁舉辦心理輔導週或任何大型的心理衛生推廣活動，我認為這些心理衛生推廣活動勞民傷財，會排擠心理師同仁專業服務同學的時間，而且會導致求助學生增加，造成等候名單過長的後果。

5. 每學期的心理衛生推廣活動僅限於心理衛生講座和班級座談，而且會把班級座談的主題限制在既有的主題，讓心理師同仁去講自己熟悉的主題，不會讓心理師同仁為了新的主題而花額外的時間去準備。中心會把常用的主題清單列在班級座談申請單上，讓導師或班代去勾選。

6. 臺灣師大學輔中心沒有導師業務和性平業務，可以減少心理師同仁的行政工作。

✚ 平常不提供心理諮商服務，關鍵時刻不可能提供危機處理

有些學生輔導中心和社區心理衛生中心的業務項目包括危機處理，但是平常卻很少提供心理諮商直接服務。對於這樣的中心，我覺得主管人員需要了解心理諮商和危機處理的關聯性。平常不提供心理諮商服務，關鍵時刻不可能做好危機處理的工作。

長期以來，各縣市政府衛生局所屬的社區心理衛生中心被定位為初級

預防單位，中心任務為辦理心理衛生宣導、教育訓練、諮詢、轉介、轉銜服務、資源網絡聯結、自殺防治、物質濫用防制及其他心理衛生等事項。任何學生輔導中心或社區心理衛生中心，如果被期待去處理危機個案，例如自殺個案，心理師在平時便要例行的提供學生或民眾心理諮商服務。平常有實際在操練諮商與心理治療的技巧與經驗，碰到危機個案的時候才會有足夠的臨床能力和經驗去處理。

因此，我會建議學生輔導中心和社區心理衛生中心都要聘任心理師，提供學生或民眾心理諮商直接服務，這樣做，平常有在練兵，熟悉各種個案的處理程序和臨床技術，真正遇到危機個案就不會束手無策。根據我擔任學輔中心主任的經驗，平常提供心理諮商直接服務給學生，可以明顯減少危機個案的發生，因為那些高風險的個案多數都會接受心理諮商，心理師可以在平時協助他們處理各式各樣的小危機，而且他們的問題狀況平時都在心理師的關注和監控之下，因此發展成重大危機的可能性相對會降低。

十一 心理師會因為缺乏接案機會而士氣低落

臺北市政府衛生局社區心理衛生中心剛成立的時候，曾經聘用四、五名心理師，當時，能夠到社區心理衛生中心擔任專任心理師，是許多心理師夢寐以求的工作，認為可以發揮所學服務民眾，可惜的是，這些心理師任職沒幾年紛紛離職而去。為什麼這些心理師待不下去呢？我覺得主要的原因和社區心理衛生中心的定位有關。

臺灣各縣市社區心理衛生中心被衛生主管機關定位為心理衛生初級預防（primary prevention），並且隸屬於衛生局的幕僚單位。其所從事的業

務內容包括：辦理心理衛生宣導、教育訓練、諮詢、轉介、轉銜服務、資源網絡聯結、自殺、物質濫用防制及其他心理衛生等事項。這些業務內容和心理師的專業訓練不同，這些業務由心理衛生相關學系的大學畢業生即可勝任，不需要聘用碩士層級、擁有醫事人員執照的心理師來承辦。

　　心理師在諮商與臨床心理相關研究所接受三至四年的專業訓練，學習有關心理功能的測驗衡鑑和心理疾病的評估診斷，以及心理困擾的心理諮商和心理疾病的心理治療。受過專業訓練的心理師被期待去從事民眾的心理衛生服務工作，可惜的是社區心理衛生中心卻不提供或提供很少的心理衛生直接服務。心理師在這樣的機構工作，每天工作內容以行政文書和預防推廣為主，無法提供民眾所需要的心理諮商和心理治療服務，久而久之，心理師會因為英雄無用武之地而士氣低落，最後會覺得在社區心理衛生中心無法滿足心理師助人的成就感，而離職求去。

　　若要改善心理師在社區心理衛生中心士氣低落和高離職率的問題，我覺得主要的方法便是調整社區心理衛生中心的定位，從初級預防單位改為三級預防單位，也就是讓社區心理衛生中心可以同時提供初級預防、次級預防（secondary prevention），以及三級預防（tertiary prevention）的心理衛生服務。心理師從事初級預防服務時，可以擔任心理健康促進的講師；從事次級預防服務時，可以提供民眾心理諮商與危機處理的服務；從事三級預防時，可以提供精神疾病患者所需要的心理復健與個案管理的服務。

第二章

初談與個案評估

一・初談與派案制度

二・初談由誰做最好？

三・可以透過網路社交媒體的群組派案嗎？

四・實習心理師初談時，督導一定要在場嗎？

五・心理師要先評估診斷，再諮商和心理治療

六・心理師要有照護層級的觀念

七・可以為精神疾病患者做什麼？

八・個案評估時，要評估什麼？

九・個案評估和個案概念化一樣重要

十・個案評估會受到理論學派的影響

十一・評估只在初談做一次，

　　　還是持續整個諮商歷程？

十二・如何進行個案的功能評估？

十三・如何處理個案的多種主訴？

十四・個案評估後，

　　　是否告知個案罹患心理疾病？

一 初談與派案制度

每個諮商機構都應該有一套自己的初談（intake）與派案制度。業界通行的制度有二：一是由專人負責初談與派案，二是由機構全體專任人員輪流負責初談與派案。

第一種方式，機構會有一位資深的專任人員負責初談和派案。這種方式的優點是：專人負責，事權統一；資深專任人員有足夠的臨床經驗評估個案的問題和需求；資深專任人員也對機構人力有足夠的了解，了解每個人的專長和案量。缺點是：初談的人通常不提供心理諮商，導致個案需要跟提供諮商的心理師再主訴一遍。

第二種方式，機構會有一個初談輪班表，把一週五天分為五個或十個值班時段，例如一個機構有五位專任人員，每個人負責一天。為了避免每天初談量的不平均，機構可以每半年或每年調整一次。個案預約某一個時段，或個案在某一個時段來機構申請諮商服務，都由該時段值班的專任人員進行初談。

第二種方式的優點是：每位專任人員都可以接到初談，初談的業務平均分攤；專任人員通常具備足夠的臨床經驗來評估個案的問題和需求；初談的人可以優先選擇是否提供心理諮商；專任人員可以帶著實習心理師進行初談，協助訓練實習心理師的初談和接案能力，而自己不接的個案，可以派案給自己督導的實習心理師。缺點是：初談案量會因為值班時段不同而異，例如週一的初談量會比週五多很多；值班的專任人員若是正在接案或臨時有事，需要安排職務代理人。

初談和派案有緊密的連動關係，每個機構在建立初談與派案制度時，從初談到派案可能有不同的作法，比較嚴謹的作法說明如下。

　　對於設置專人負責初談的機構，如果初談員是有執照的心理師，則可以由初談員直接派案給機構內的專／兼任心理師。如果初談員是沒有執照的實習心理師，機構可以透過派案會議來決定派案給誰，也可以簡化為初談員在督導協助之下派案。原則上，對於機構人力和專長不熟悉的人，像是實習心理師和資淺心理師，不適合擔任機構初談與派案的工作。

　　對於沒有設置專人負責初談的機構，每位輪值初談的專任人員，在初談評估之後，可以決定把個案派給自己或自己的受督者。如果自己和受督者無法消化個案時，再把個案派給其他專任人員。實習心理師在督導協助之下，可以學習如何實施初談和派案。

　　原則上，兼任心理師和實習心理師不適合擔任機構的派案人。兼任心理師由於在機構的時間很少，不了解專／兼任心理師的專長，遇到問題時也不方便當面澄清說明，一旦個案派不出去，會耽誤個案的諮商服務。

　　實習心理師不適合擔任初談個案派案人的原因很容易理解：第一，實習心理師還沒有完成心理師專業訓練，沒有足夠的臨床能力去評估個案的問題和需求；第二，實習心理師是機構位階最低的人，想要把初談個案派給位階高而資深的專／兼任心理師，會有很大的難度，容易被拒絕，導致初談個案派不出去，累積在手上，造成實習心理師工作壓力和個案諮商權益受損。

初談由誰做最好？

　　有關新個案要由誰做初談的問題，目前並沒有一致性的作法。有的機構會設置專人做初談，例如我以前在舊金山列治文心理衛生中心（Richmond Maxi-Cenfen）實習的時候，該中心即有一位專職的工作人員負

責做初談。他做完初談之後會撰寫一份初談或初診報告，然後提到每週一次的派案會議（disposition meeting）去討論和派案。工作人員接到派案之後，再和個案電話預約心理治療的時間。

我在臺灣師大擔任學生輔導中心主任的時候，初談是由每位工作人員輪流做，每位工作人員除了每週安排幾個諮商晤談的時段，也會安排一至數個初談的時段，每個時段通常是三小時。櫃臺人員會根據新個案方便的時間，安排給初談時段有空的心理師或實習心理師。心理師做完初談之後，可以接下這個個案，並繼續預約晤談時間。如果實習心理師初談之後不方便接下這個個案，他可以把個案資料提到督導那裡，請督導派案給適合的心理師或實習心理師。

臺北某大學諮商中心是由兼任實習心理師來做初談，初談之後再設法派給其他心理師或實習心理師。這些做初談的人，一方面是兼職，在中心的時間有限；二方面是專業發展階段最資淺的人，自己並不能接案，每次初談之後，還要設法派案給其他資深的工作人員，因此派案壓力很大。

我自己比較喜歡臺灣師大的作法，全體工作人員都有責任和機會去做初談，這些初談也是自己個案的來源，如果初談和心理諮商都是同一個人做，個案的感受也會比較好。如果初談和心理諮商分由不同的人做，總會有個案抱怨，同樣的事情要講兩遍。

可以透過網路社交媒體的群組派案嗎？

諮商機構的初談員在完成初談評估之後，是否可以透過 Line 之類的網路社交媒體（social media）的群組進行派案呢？傳統派案的方式，是初談員完成初談評估後，撰寫初談摘要，再透過督導或派案會議進行派案。

如果初談員是由資深心理師擔任時，可以直接派給自己、受督者或其他同事。為了專業保密，初談摘要一般使用紙筆書寫的方式完成，而且這份書面初談摘要，只有初談員、督導和被派案的心理師會看到，其他不相干的人不會知道個案是誰。這種傳統派案方式可以做到對個案隱私的保密，接案的心理師也會有比較詳細的書面摘要。

現在由於資訊科技的進步，網路社交媒體非常發達便利，很多心理師也都加入 Line 和 Facebook 等社交媒體。但是，使用 Line 或 Facebook 來派案，我認為不妥。一方面，將個案的初談資料公告在網路上，會有難以保密的問題；另一方面，使用 Line 等即時通訊軟體，將會加速臨床工作的時間壓迫感。傳統的派案方式可以有數天的時間進行了解初談內容，再來決定是否接受派案，使用即時通訊軟體來派案，大家容易會有搶個案的時間壓力，以及在個案資訊不完整的情況下接受派案。

綜合上述，我認為諮商機構不應該透過 Line 群組等類似的社交媒體進行派案，特別是透過沒有督導監督之下的實習心理師的網路群組派案。

四 實習心理師初談時，督導一定要在場嗎？

為了訓練的目的，實習心理師在學習初談的時候，督導可以在場提供若干次的示範，方便實習心理師觀摩學習。督導在現場示範若干次之後，可以現場觀察實習心理師實作初談若干次。只要督導認為實習心理師大致了解初談的流程和方式之後，就可以讓實習心理師獨立作業，自行完成初談的工作。

我認為諮商機構規定實習心理師初談時，督導一定要在場，這樣是矯枉過正，反而不利於個案的服務和實習心理師的訓練。實習心理師初談

時，督導是否一定要在場，我覺得這是一項臨床專業的判斷，例如：臨床經驗比較豐富的實習心理師，或個案問題比較單純的情況下，我覺得可以讓實習心理師獨立進行初談。在實習心理師獨自進行初談的情況下，督導通常會提醒他們，初談時如發現個案有危機情況或超過自己臨床處遇能力時，一定要尋求督導之介入協助。

長期不信任實習心理師的初談能力，將會打擊實習心理師的諮商自我效能感，反而不利於臨床能力的提升。督導和實習心理師同時在場的初談，往往會增加個案的困惑，以及難以對實習心理師產生專業信任的感覺。

五 心理師要先評估診斷，再諮商和心理治療

心理師的專業能力不限於諮商與心理治療，還包括心理評估與診斷、心理測驗與衡鑑等。由於諮商心理師在養成教育的過程過度偏重心理諮商，導致心理師不自覺的以為自己只是做心理諮商。這樣的認知和養成教育導致心理師初次見到個案，就開始心理諮商，較少有先評估診斷，再進行諮商與心理治療的先後程序，這是需要注意的地方。

不論心理師在哪裡執業，都要有先評估再治療的習慣。在學校接受轉介來的個案，心理師都要利用第一次或前幾次晤談的時間進行初談評估（intake evaluation），再考慮要提供何種處遇的建議，如果建議要進行心理諮商，也要評估是否適合由自己來提供。個案所需要的心理衡鑑、心理諮商、個案管理、團體輔導、家庭訪視或家庭會談，不一定要由心理師自己來提供，心理師可以在評估個案之後，建議由其他適當的人，包括專任輔導教師或社工師來提供。

在社區機構或心理諮商所執業的心理師，因為心理師是主治，因此更

需要有系統地進行評估診斷，再擬定諮商與心理治療計畫。在醫療機構執業的心理師，在接受來自醫師的心理治療轉介時，心理師也要自己重新、獨立的進行個案評估與心理診斷，這是因為心理師和醫師在評估診斷時，會有不同的著重點。醫師強調的是生理學與精神症狀的評估檢查，心理師則更重視內心動力和心理社會環境的評估檢查。養成先評估診斷，再進行諮商與心理治療，才是正確的執業習慣。

(六) 心理師要有照護層級的觀念

心理師所面對的個案，不僅人口背景不同，主訴問題和診斷各不相同，更重要的是心理師要透過評估診斷，去了解個案需要什麼照護層級（level of care）。就像在醫療體系中，醫師會根據病人疾病的嚴重程度進行檢傷分類（triage），建議病人接受哪一層級的醫療照護。病情輕微的接受門診治療，緊急的接受急診治療，嚴重的接受急性住院治療。病情介於門診和住院之間的病人，可以接受日間留院治療，詳如表 2-1 所示。

根據表 2-1，心理師在初談評估的時候，可以根據個案的臨床症狀和功能損害程度進行區別診斷，並且可以粗略的將個案區分為醫療級或諮商級個案。通常症狀嚴重程度達到心理疾病診斷標準的個案，可以歸類在醫療級，未達診斷標準或輕度心理疾病的個案可以歸類為諮商級。個案評估之後，心理師要根據個案的症狀、功能和需求，進行照護層級的判斷。多數諮商級個案可以透過門診類型的機構來處遇，照護層級從輕到重包括：電話諮詢專線、學生輔導中心、心理諮商所、心理治療所，以及社區心理衛生中心。多數醫療級個案可以透過門診、住院和急診等類型機構來處遇，照護層級從輕到重包括：精神科門診、精神科日間留院、精神科慢性病房、精神科急性病房，以及精神科急診室。

表 2-1 區別診斷與照護層級

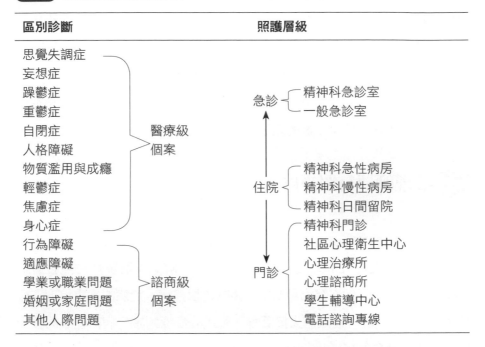

心理師在處理病人的時候，要有照護層級的觀念，對於問題比較單純的個案，心理師可以自己處理，對於問題比較複雜的個案，則需要增加其他醫事人員、輔導教師、個管員、社工師或家屬的協同治療，以滿足個案的需要。

有些問題比較嚴重的個案，不適合在心理諮商所或諮商中心處理，這個時候有照護層級觀念的心理師，就會建議個案接受更密集的照護，例如住院治療或機構安置等。心理師可以視個案問題改善和惡化的情形，在不同層級的照護機構中移動，或在單一心理師或團隊工作人員之間移動。

心理師在初次晤談時，對於罹患精神疾病的個案、社會局保護性的個案，以及司法保護性的個案，都要特別留意個案照護層級的需求，因為這

些個案比較複雜，需要採用生態系統的觀點進行跨專業的協同處遇。隨著個案症狀的緩解或惡化，心理社會功能的改善或退步，心理師可以調整個案的照護層級。

可以為精神疾病患者做什麼？

心理師遇到疑似罹患心理疾病的患者，不要急著轉介精神科，而是要先進行個案評估，了解個案的真正問題和需求。接下來，心理師再決定哪些問題和需求是我們可以處理和協助的，哪些問題和需求可以透過轉介醫療機構或社福機構來給予協助的。

對於問題比較不清楚，需要進行區別診斷的個案，心理師可以考慮心理衡鑑（psychological assessment）。透過心理衡鑑來幫助個案自我了解，幫助心理師釐清問題和診斷。有些個案並不清楚自己的智力功能、人格特質、職業性向，以及人際關係，心理師可以建議他們接受心理衡鑑，採用科學和系統的方法增進他們各方面的自我了解。

對於嚴重的心理疾病患者，以及偏好藥物治療的個案，心理師可以優先轉介精神科。對於輕微的心理疾病患者，以及偏好諮商與心理治療的個案，心理師可以優先提供諮商與心理治療服務。服務一段時間之後，再視治療成效決定後續的處遇選項，例如諮商與心理治療沒有明顯效果，心理師可以建議個案同時接受心理與藥物治療。

八 個案評估時，要評估什麼？

心理師執業時，需要對個案進行評估，不僅是個案問題的評估，還包

括治療選項和預後的評估，以及由誰來提供治療的評估等。個案評估要評估什麼呢？我認為評估的內容如下：

1. 有無生理疾病？
2. 有無心理疾病？
3. 有無危險的行為需要緊急處理？
4. 是否是一般發展性問題？
5. 評估用什麼治療方法？
6. 評估由誰來提供治療？

以上這幾個問題的評估和回答，可以很容易梳理出之後諮商與心理治療的大致方向，相當實用。個案評估的同時也在進行區別診斷。區別診斷要怎麼做呢？進行區別診斷時，我們要做的事情包括下列：

1. 區別生理問題與心理問題的診斷。
2. 區別心理疾病當中的哪一大類。
3. 區別某一大類心理疾病之下的診斷名稱。
4. 每一個心理疾病都有一組症狀或診斷標準。
5. 區別診斷使用排入（rule-in，簡寫 R/I）和排出（rule-out，簡寫 R/O）兩種方式。
6. 診斷依據是個案的症狀和功能損害。

九 個案評估和個案概念化一樣重要

根據我督導實習心理師和主持團體督導的經驗，發現很多人都在強調個案概念化（case conceptualization）的重要性，甚至認為個案概念化比個

案評估還重要。我個人認為個案評估和個案概念化一樣重要，甚至有時候還更重要。

所謂的個案概念化，就是針對個案的問題和診斷進行問題成因的探討和假設。我很難想像，沒有對個案進行完整的評估和診斷，如何可以進行個案概念化呢？因此心理師從初談開始，就要進行個案問題的評估和診斷，並且根據個案的主訴、心理師的觀察，以及其他有關個案的資料來源，加以彙整、澄清和判斷，進行區別診斷和可能病因的探討。心理師會根據個案評估的結果提出假設和治療計畫。

我參加過很多的個案研討會和團體督導，發現大約有半數的心理師，沒有使用 DSM 系統進行個案評估與診斷，或者沒有探討問題的成因，或者沒有提出治療的計畫。我認為個案概念化的內容，應該包括：個案的主訴、問題描述、問題的發展史、問題成因、DSM 的診斷，以及治療計畫。其中，問題成因通常包括生理因素、心理因素，以及家庭社會因素。

心理師如果可以具體提出問題的可能成因，便能夠針對問題成因提出治療對策和計畫。如果資料不夠充足，個案問題難以評估或病因難以探討的時候，心理師會在治療計畫中增加缺失資料的蒐集和補充，並在爾後的心理治療中一邊晤談一邊評估。

➕ 個案評估會受到理論學派的影響

心理師除了評估個案是否罹患心理疾病，通常會根據自己的理論學派或治療取向進行評估，例如：認知治療學派的心理師，在個案評估的時候，會特別去評估個案的認知功能和障礙，包括個案常用的非理性思考，然後針對有問題的認知問題進行處遇。

又例如：關係學派的心理師，在個案評估的時候，會特別去評估個案的人際功能和關係類型，在心理治療的時候，也會從治療關係去介入，透過處理心理師和個案的關係，去改變個案的人際功能和關係類型。

再例如：心理分析學派的心理師，在個案評估的時候，會特別去評估個案強迫重複的行為和問題模式，在心理治療的時候，透過自由聯想和移情的處理，幫助個案增加問題行為的自我覺察和領悟。

採用生物心理社會模式（bio-psycho-social model）的心理師，在個案評估的時候，會評估個案的生理功能和問題、心理功能和問題，以及社會功能和問題，在擬定治療計畫的時候，就會同時兼顧到生物、心理和社會三方面的治療策略和資源。

不同理論取向的心理師，在評估的時候，會特別根據理論取向所重視的向度進行評估，例如：認知取向的心理師會專注於個案認知功能與類型的評估；關係取向的心理師會專注於個案人際關係功能與類型的評估；生物心理社會取向的心理師會專注於個案生物心理社會三方面的評估；心理分析取向心理師會專注於個案在三個方面的評估：目前人際關係問題、早年原生家庭關係，以及個案和心理師的治療關係；系統取向心理師會專注於影響個案問題的生態環境因素的評估。不同學派取向的心理師都會從初次晤談到諮商結束，持續進行個案的評估。

每個心理師都要有自己的理論學派或治療取向，因為每個學派會有自己的心理病理學解釋，會針對個案心理問題的成因或病因提出自己的觀點，並且針對病因提出治療策略和方法。我會建議心理師至少選擇一個學派，接受完整的訓練，包括如何使用這個學派的觀點進行個案的評估和治療。

十一 評估只在初談做一次，還是持續整個諮商歷程？

　　有經驗的心理師都知道，評估和諮商是同時進行的，不僅在初次晤談時要做個案症狀與功能的評估，而且評估會持續整個諮商歷程。心理師在心理諮商的歷程中，隨時都在評估個案，並且會視評估的結果調整諮商的介入或治療計畫。因此，我們可以說，評估和諮商同等重要，而且是同步交互進行的。只是在和個案工作時的每一個當下，心理師要有意識的覺察，在那個當下，是以評估為焦點，還是以諮商為焦點。在初次晤談和諮商初期，我們多數的時候會以評估為焦點，但是隨著諮商歷程的發展，我們還是會持續評估個案，但是多數時候會以諮商為焦點。

　　諮商初期，評估的重點主要在於個案症狀和功能損害（functional impairment），這是為了釐清個案的診斷和訂定治療計畫而做的評估。諮商中期的評估，主要的重點會在於個案的症狀和功能的變化，以及對於治療介入的反應。諮商後期的評估，主要重點在於評估個案症狀是否緩解，功能是否恢復到病前的程度，以及個案的治療還需要多久，是否可以進行結案等。

十二 如何進行個案的功能評估？

　　心理師在個案評估和心理診斷的時候，除了蒐集和評估個案的心理症狀，也要蒐集和評估個案的功能。使用五軸診斷的 DSM-IV，心理師在診斷個案的時候，要在第五軸評估個案的整體功能，雖然 DSM-5 不再使用五軸診斷，但是我覺得心理師還是需要經常評估個案的功能。

　　什麼是個案的功能或功能水準（level of functioning）呢？這裡所謂的

個案功能是指心理社會功能，包括學習和職業功能，不包括物理和環境的限制。心理社會功能經常受到疾病和症狀的影響而波動，因此我們通常只評估當下功能（current functioning）。我們通常在個案初次晤談和結案的時候進行個案功能評估，藉以比較心理治療的成效。在評估個案功能的時候，我們有時候會註明個案功能最好的情形是如何，以及功能最差的情形是如何？一般而言，心理治療的效果可以反映在個案功能的變化上。心理治療的目標便是積極地幫助個案恢復到最佳功能的程度，預防惡化到最差的程度。

什麼是心理社會功能呢？個案的心理社會功能表現在下列各方面：

1. 是否有穩定的親密關係？
2. 成人是否有穩定的工作？
3. 兒童青少年是否穩定的上學？
4. 人際關係是否良好？
5. 是否有朋友往來？
6. 是否有穩定的居住地方？
7. 教育程度如何？
8. 職業的專業性如何？

心理師平常和個案晤談的時候，要隨時評估個案的功能狀態。因為個案的功能水準不僅顯示個案的病情，而且也顯示他們是否適合心理治療。心理社會功能愈高的個案，表示他們的心理問題比較輕，對於心理治療的反應比較好。心理師通常喜歡跟心理社會功能高的個案工作，特別是採用深度心理治療的心理師更是如此。因此，個案功能的評估有助於安排適合個案的諮商方法和類型。

十三 如何處理個案的多種主訴？

有一位在大學諮商中心實習的心理師，在個案研討會的時候提案，她的個案在預約諮商的時候，在登記表的主訴（chief complaint）選項上，勾選了很多項目，包括：心理與自我探索、學校學習問題、家庭問題、感情問題、生涯規劃與未來、心理測驗實施與解釋、心理疾病，以及性格問題等。對於個案在預約諮商或初談時，提出很多的主訴或問題時，心理師該怎麼理解和處理？

許多大學諮商中心提供心理諮商服務時，會有 6 到 10 次晤談次數的限制，當個案在晤談登記表上填寫很多問題時，我們便要立即請個案澄清，在有限的晤談次數限制下，請他選擇一、兩個或兩、三個最想處理的問題。我們都知道，短期諮商只能處理有限、具體的問題，比較難以處理心理疾病或人格問題。

即使諮商機構沒有晤談次數的限制或屬於自費的心理諮商，心理師也需要請個案選擇優先要處理的兩、三個問題，我們可以從個案的選擇看出她比較在乎和比較想要處理的問題是什麼。如果個案選擇的是人格問題或心理疾病，我們便要提醒個案是否已經做好長期諮商的心理準備。

對於勾選心理疾病的個案，心理師需要當場澄清，為何他勾選心理疾病，並且進一步了解所謂的心理疾病是指什麼，以及可能的心理疾病史。如果心理疾病或人格問題可以解釋多數的主訴問題，心理師便可以提綱挈領的掌握個案心理問題，以及訂定適切的心理治療計畫。

我們認為，在初談登記表勾選很多主訴問題，或者在初談的時候講不清楚自己問題的個案，可能有自我概念模糊的問題。他們不清楚自己是怎樣的一個人，不知道自己想要什麼或不想要什麼，例如不喜歡自己就讀的

科系，但是也不清楚自己喜歡什麼科系，或者不喜歡自己的職業，但是也不知道自己喜歡什麼職業。

我們從個案的多種主訴問題，可以對他們產生更多的理解，也比較清楚怎樣可以幫助他們。

十四 個案評估後，是否告知個案罹患心理疾病？

在初談或心理諮商的過程，如果我們認為個案的症狀表現符合某一個心理疾病的診斷標準，例如憂鬱症或強迫症，是否要告訴個案？我覺得最好要告訴個案，只是在說明的時候，要特別留意態度和方式。

心理諮商的目標在於增進個案的自我了解，如果個案罹患某種心理疾病，我們自然要告訴個案，在告訴個案的時候，我們的態度是同理和關心的，是希望增進個案自我了解的。如果個案對於自己的心理疾病有不清楚的地方，我們會進一步加以說明。我們告訴個案的態度，不僅要避免增加心理疾病的汙名化，而且要幫助個案透過心理疾病更加認識自己的狀況，並且尋求最好的治療和資源來協助他。

告訴個案是否罹患心理疾病的時候，我們要以個案能夠了解的語言和方式加以說明，避免使用高度專業的名詞和複雜的病理機轉，造成個案不必要的困擾。我們也可以詢問個案，自己是否曾經想過自己得了哪些心理疾病，知道自己得了某種心理疾病之後的感覺和想法，以及會有哪些擔心。

對於某些個案，知道自己的困擾或痛苦是因為某種心理疾病所造成，反為會有輕鬆和明白的感覺，因為終於知道自己的困擾和痛苦是怎麼一回事，了解到很多人也罹患相同的心理疾病，以及可以比較清楚具體的求助醫師或心理師，來對治自己的心理疾病。

第三章

諮商架構與關係

一‧心理諮商一定要在諮商室嗎？

　　沒有諮商室怎麼辦？

二‧如何實施每一次的心理諮商？

三‧遵守時間架構

四‧心理諮商的深度和個案的意願成正比

五‧如何處理抱怨諮商無效的個案？

六‧節制的工作與生活態度

七‧教育個案如何參與諮商

八‧心理諮商可以透過網路方式實施嗎？

九‧可否透過 Line 群組討論個案？

 心理諮商一定要在諮商室嗎？沒有諮商室怎麼辦？

　　心理諮商最好在諮商室，因為這是心理師最熟悉的場域，也有其他同事可以提供支持和諮詢。心理師的個案可以大致分為兩種，一種是平常在看的例行個案，心理師對其已有一定的熟識和諮商關係，這類的個案平常都在諮商室進行心理諮商。如果個案提出在諮商室以外的地方晤談，心理師便要進行討論和了解，個案提出這種背離諮商架構的原因和動機為何，了解之後再判斷是否非在其他地方晤談不可。

　　第二種個案是心理師不認識或初次見面的新個案，或是緊急個案。心理師要盡可能地鼓勵個案來諮商室晤談，若個案有能力和動機前來諮商室晤談，為了安全和效果的理由，心理師最好在諮商室看個案。對於那些沒有能力走到諮商室的個案，心理師只有在安全的情況下，才可以考慮在其他地方晤談。

　　在任何情況下，學校心理師都可以請學校的校安人員、導師或助教帶個案來諮商室，也可以請社工、護理師或志工帶個案來諮商室，心理師不宜輕易走到個案生活的場域或事件的現場，這樣做會模糊諮商架構（counseling structure）和專業界線（professional boundary）。

　　心理師在其他地方晤談，例如個案的家裡、醫院的病房、安置機構、學校的輔導室等，也要有能力在現場布置一個最接近諮商室的專業空間，維護一個安全、安靜而隱私的空間，避免在公共場所或讓人分心的空間進行諮商。在諮商室以外的地方晤談，終究是一種妥協，諮商效果也會七折八扣的。

如何實施每一次的心理諮商？

　　心理師進行每一次的晤談，都要精心規劃，使用精準的語言去表達心理師的意圖。每次晤談都要知道怎麼開始、怎麼結束，從上次晤談連結到本次晤談，本次晤談又要如何銜接下一次的晤談。

　　每一次的晤談，心理師從接待個案進入晤談室，兩個人坐下來，開始晤談，要說什麼，不說什麼，都需要很快的思考判斷和說出適當的話，這些都是心理師要留意的。

　　每一次晤談的時間，心理師也要隨時掌握：隨著時間的推移和流逝，要不要另開新的話題，要不要在同一個話題進行深入探索，以及如何隨時表達對個案的同理、支持和關心。

　　心理師在晤談時間快要結束的時候，則要考慮：要如何結束這次晤談，要不要做簡單的摘述，要不要建議個案未來一週可以做什麼作業或練習，要不要說一些肯定、感謝個案的話，以及建議個案下次晤談可以做些什麼等。

　　對個案來說，每一次晤談都是很重要的。心理師要穩重而專業的接待個案，認真對待個案提出的問題，盡可能給予真誠的說明，既不過度承諾，也不予以忽視。心理師一邊心理諮商，一邊教育個案成為一個懂得使用心理諮商的人，鼓勵個案勇敢面對問題，想到什麼就說。心理師真誠表達會盡力陪他走一段辛苦的自我探索和自我了解的道路。並且告訴個案，心理諮商談一次有一次的幫助，鼓勵個案持續的晤談，這樣將可以從心理諮商中獲得很多的幫助和成長。

三 遵守時間架構

　　心理諮商是在有架構、有界線的關係中進行，因此心理師需要以身作則，謹守時間的架構，並且透過時間架構去幫助個案。嚴謹的時間和關係界線不僅可以保護個案，更重要的是可以保護心理師。以下是一位受督者（白雲波，2016）的經驗分享：

　　林老師作為一名學者的嚴謹，不僅體現在衣著、神態上，更重要的是體現在清晰的邊界劃分上，比如林老師一開始在做自我介紹時，就提出希望大家在課堂上如果有問題，可以暢所欲言，盡情發問、一起討論，充分利用寶貴的教學時間，但同時，在午休以及下課後，希望大家不要繼續延續課堂的狀態，總之，就是在什麼時間裡、做那個時間裡該做的事。如果換做幾年前，可能會覺得這樣子的老師好嚴苛，讓人感覺有點不敢靠近，但從事心理諮詢這些年來，尤其是學習、帶領過無結構的人際互動團體之後，如今的我愈發能夠明白、且讚賞這個設置，就是邊界的重要性，因為邊界的存在不僅僅是限制，更多的恰恰是保護，如同沒有規矩就沒有方圓，在沒有法律的絕對的自由世界中，其實每個人恰恰是無法獲得真正自由的，所以從這個角度講，林老師不是在課堂上用教學的語言，而是用身體力行的榜樣方式，為大家上了一課，邊界清晰，在門裡面開開心心、痛痛快快學習、交流，時間到，退出門外，我們還是獨立的個體。其實這樣一個簡單的道理，在實踐中卻往往是諮詢的一個關鍵所在，很多新手諮詢師因為不能深刻理解這一點，以為自己應該是開放的、熱情的、接納的，就 24 小時開放，從而給訪客一個誤解，以為他可以無限制地、

隨心所欲地靠近，甚至侵入諮詢師的獨立世界和時間，久而久之，因為諮詢師也是人，也會疲憊，也會想要休息，但訪客卻意識不到這點，仍會習慣性地來靠近，就會引發諮詢師的焦慮、不安，甚至憤怒，就會在潛移默化中影響到雙方的關係，原本熱情、助人的美好願望也就令人遺憾地受到影響，甚至會完全落空了。可以說，這是往往只有從挫折、失敗的經歷中才能積累、獲得的經驗，但無意間，卻在林老師的一個開場白中找到了共鳴，也印證了那個說法，無論生活還是課堂，其實處處都有學習的機會。

四 心理諮商的深度和個案的意願成正比

　　心理諮商並不是心理師單方面想做多深就可以做多深，心理諮商的深度主要由個案決定，愈是自願的個案，愈有可能說得愈深。即便是自願的個案，有的因為高度的自我防衛，對心理師無法做到完全的揭露，也很難談得很深，更何況那些非自願的個案。

　　有經驗的心理師，如果想要把心理諮商做深一點，首先要評估個案自我探索和自我揭露的意願有多少。個案自我揭露的意願有多少，心理諮商的深度就有多深。其次要評估個案投入心理諮商的時間有多少，投入的時間愈多，心理諮商的程度就愈深。深度心理諮商是指心理分析取向的心理諮商，所需要的時間通常會超過 20 次。對於時間有限的個案，心理師很難把心理諮商做得很深。

　　再來就是諮商關係，個案愈信任心理師，心理諮商就愈深。在心理諮商的時候，無法對心理師暢所欲言、無所不談，想到什麼就說的個案，其

心理諮商的深度也會有所限制。

最後，諮商學派的使用也會影響心理諮商的深度，通常心理分析取向的心理諮商比其他學派可以做得更深。所謂深度的心理諮商，就是指心理師是否有處理到個案的移情和潛意識慾望與衝突。深度心理諮商和一般心理諮商的區別，讀者可以參考下一章第十八小節。

雖然心理師想要把心理諮商做深一點，但是上述條件的評估和滿足是很重要的關鍵，畢竟心理諮商並非只靠心理師一個人就可以單獨完成。對於想要深度了解自我的個案，心理師可以鼓勵個案想到什麼就說什麼，學習信任心理師，練習放下防衛盡量自我揭露，以如此方式進行諮商的話，諮商自然就會愈談愈深了。

五 如何處理抱怨諮商無效的個案？

面對總是抱怨諮商無效的個案，心理師可以教育個案，讓個案了解諮商效果的產生是個案和心理師雙方共同努力的結果。我們要讓個案了解，個案努力的程度和諮商效果成正比，幫助個案以正向而積極的態度參與諮商，才會獲得更好的效果。

心理師要能夠包容個案的抱怨，鼓勵個案在諮商晤談中說出自己心裡的想法和感覺，包括對於心理師的不滿或對心理諮商的看法。心理師的工作在於鼓勵個案覺察自己在生活中和諮商中的衝突和感受，並學習以適應性的方式去處理和面對。如果個案對諮商有特別的期待，但是在諮商中一直隱而未談，這個時候，我們可以進一步了解個案對諮商的期待是什麼。

我們要感謝在諮商中抱怨諮商無效的個案，讓我們有機會可以和個案一起檢視，為什麼心理諮商的效果不如預期？讓我們有機會可以和個案澄

清，諮商無效可能是因為諮商目標不切實際，諮商無效可能是還需要個案更多自我揭露的勇氣和信任，諮商無效可能是個案期待別人的改變而非自我改變。

心理諮商的過程通常並非一帆風順。個案要面對內心不可告人的慾望、長久的壓抑、頑固的壞習慣，以及難以言喻的心理糾結，需要很大的勇氣和努力。這些需要用心深入處理的議題，不能只有心理師，還需要個案願意花時間冒險去探索及處理。

經過一段時間的心理諮商之後，個案總是抱怨這抱怨那，說不定凡事抱怨會是個案需要進一步檢視的一個議題。當個案在真實生活中，習慣用抱怨的方式面對工作與關係，自然也會不知不覺的帶進諮商室，開始抱怨諮商無效或心理師不了解他。心理師如果能夠幫助個案看到這點，才是真正幫助到個案。

六　節制的工作與生活態度

心理師不僅在執業時，要懂得節制，在日常生活的慾望上，也要盡量節制，例如：不抽菸、不喝酒、不暴飲暴食、不貪睡、不貪財、不過度追求感官和慾望的滿足。心理師平常的生活應該在情感、慾望、生活習慣上都要有所節制，我們不能比個案更沉淪、更濫情、更衝動，這樣才能發揮一個助人工作者最基本的功能。只有保持適當的節制，慾望有度，生活規律，比個案更健康、快樂、情緒穩定，這樣才能更好地把自己作為一個好的治療工具，發揮出最大的功能。

身為心理師，我們要懂得節制，保持很單純的諮商關係，節制對個案的愛、恨和慾望。我們如果比個案還濫情、還縱慾、還貪得無厭，怎麼能

幫助個案呢？所以，我們自己要過得節制、過得健康、過得快樂。心理師這個行業是很特殊的職業，心理師要節制自己，個案也就能潛移默化，學會節制。出問題的人常常是因為對自己的慾望沒有適當的節制，像很多上癮的人都是因為生活沒有節制而出了問題。

節制不僅是心理分析的態度，也是生活和工作的態度，整個心理諮商的專業便是在提升個案的心理健康，慾望與情感的節制既然有助於心理健康，心理師便要以身作則，表現在日常生活和諮商工作中。

七 教育個案如何參與諮商

在心理諮商過程中，心理師要隨時進行個案教育（client education），教育個案了解什麼是心理諮商，如何成為一位好的個案，如何有效的使用諮商時間，如何有效的從心理諮商中獲益。以下是一位受督者（楊海菊，2016）的經驗分享：

在此之前，我覺得諮詢是求與幫的關係，尊重來訪者的選擇，面對猶豫的、擔心的、不確定的來訪者，我不會去解釋什麼，更不會去勸說，因為擔心會有說服來訪者諮詢之嫌。可林老師旗幟鮮明的主張，要對來訪者進行疾病治療教育，對來訪者猶豫不決是否該繼續諮詢的個案，諮詢師就要建議其繼續諮詢十次八次的，這樣療效肯定會比諮詢幾次的效果更好。俗話說，冰凍三尺非一日之寒。畢竟有心理障礙的人，疾病形成有一個過程，還會經歷一段較漫長的掙扎時間，才會去治療，去病如抽絲，是需要諮詢師陪伴一段時間才可能好起來。而且，初來諮詢也只能宣洩一些情緒、改變部分認知，從認知到

46

行動，改變行為模式，使人格發生改變，的確不是一朝一夕的事，是一個反覆訓練，逐步提高的過程。所以幾次的諮詢，對於發展性諮詢都難以達到效果，更別說對有嚴重心理障礙的人。通過學習我開始認識，因為相對於來訪者我們更專業，誠懇的為來訪者提供專業的正確的資訊、專業的服務，來訪者會依據情況自己做出明智的選擇。這也符合知後同意的專業倫理道德。

八 心理諮商可以透過網路方式實施嗎？

心理諮商最好採用面對面的方式進行，其他方式，例如寫信、打電話、網路諮商（internet counseling）等，都要節制。面對面是心理諮商的正規方式，心理師要竭盡所能的鼓勵個案採用面對面的方式進行心理諮商。我對於網路諮商、線上諮商、電話諮商、函件諮商，都持保留的態度，認為這些方式都要節制的使用，只能作為面對面心理諮商的補充方式或妥協的方式。

面談諮商的個案如果因為出國或其他原因，向心理師提出改用電話或其他方式諮商，這種情形心理師通常會同意。等到個案不能面談的原因消失後，即恢復面談的諮商方式。我不贊成從初診到結案都採用網路、信件或電話方式，因為這些方式很難進行問題診斷與心理衡鑑，遇到危機的時候，更是難以處理。

為了鼓勵個案面談，心理師平常在和個案講電話、寫電子郵件的時候，便要節制時間和長度，講電話不要超過 10 分鐘，寫電子郵件不要超過 10 句話。心理師應該知道，電話和電子郵件主要作為預約時間、取消

時間或更改時間使用，不宜使用電話和電子郵件進行主訴問題的討論，以免不當增強個案使用電話和電子郵件與心理師討論事情。

心理師需要透過面談的諮商，來觀察個案的行為以及兩人的諮商關係，面談諮商可以提供較高的服務品質，而這樣的服務品質是很難透過電話和電子郵件諮商達到的。

九 可否透過 Line 群組討論個案？

某學校輔導室為便於討論個案，將輔導老師、輔導主任、組長、導師、科任教師和家長等組成一個 Line 的群組。老師把個案在學校發生的事情透過 Line 告訴輔導團隊其他人。家長經常收到老師的告狀，心裡覺得壓力很大，不知道該怎麼辦？

社交媒體是一個非常方便的通訊方式，但是心理師和輔導老師透過 Line 群組去討論個案的時候，也應該兼顧個案和家長的感受。使用 Line 群組討論個案，對於個案隱私的保護變得非常困難。不小心將個案討論的內容 Line 錯人，或是讓無關的人看到，都會造成不易補救的失誤。

傳統面對面討論個案的會議，雖然召集起來不方便，但是也顯示它的重要性和嚴謹性，對於個案資料的保密較為嚴謹。社交媒體的使用非常方便，使用者往往想到什麼就寫什麼，加上文字篇幅有限，使用者往往會言簡意賅，長話短說，難以傳遞完整的訊息，這都是從事臨床工作的忌諱。

我建議心理師和輔導老師不要使用像 Line 這樣的社交媒體進行個案討論，這樣做不僅不利於臨床工作，而且也有違反專業保密的倫理問題，還會增加家長和輔導團隊的誤會。

第四章

諮商技術與策略

一・個案問題很多，要從哪裡開始處理？

二・心理師晤談時，可以關注的介入重點

三・個案有心理諮商可以介入的五個面向

四・諮商目標要怎麼訂？

五・什麼是 acting out 和 acting in？

六・反移情是了解個案的重要線索

七・如何辨識移情和強迫重複

八・Malan 衝突三角的臨床應用

九・能同理也能面質，能涵容也能設限

十・投射技術的臨床應用

十一・靜觀與心理治療

十二・呼吸放鬆是各種焦慮與壓力
　　　最好的介入方法

十三・不自殺承諾的運用

十四・伴侶應該一起談，還是分開談？

十五・團療有益於精神官能症患者

十六・使用協同會談的時機

十七・直接和間接個案服務

十八・一般心理治療和深度心理治療的區別

一　個案問題很多，要從哪裡開始處理？

　　個案的問題有很多，有的是個案主訴的問題，有的是重要他人轉介的問題，心理師需要詢問個案是否想要處理，要順著個案的慾望進行，不僅能促進諮商關係的發展，也比較容易針對個案的需要提供協助。

　　不同的轉介者對於個案的問題會有不同的看法，例如導師認為個案上課不專心，經常和同學講話干擾別人，請輔導老師輔導；家長卻希望輔導老師幫忙個案提高學業成績，將來考上理想的高中；問到個案的時候，他卻說他很好，基本上沒有什麼大問題，不過他想談談交女朋友的事情。對於這樣的個案，輔導老師或心理師要從哪裡開始處理呢？

　　雖然個案身上的問題很多，有許多我們可以工作的地方，但是我們有沒有反問一句：這些問題是他要解決的嗎？這些問題引發他生活中的痛苦體驗了嗎？有些時候我們執著於解決問題，反而忽視了個案這個人。我們更應該關注的是你面前的個案，而不是他的問題！也就是說，要去弄清楚個案怎麼啦？他此時此刻的情感／認知／行為到底哪裡出了問題，更重要的是，身為個案本人他為什麼會對這些問題感到苦惱或痛苦。相較於轉介者的觀點，我們更應該重視個案自己的觀點，只有當個案認為自己有問題時，他才是我們的個案，只有他有動機進行探討和解決時，心理諮商才會有效果。

二　心理師晤談時，可以關注的介入重點

　　心理師在和個案晤談時，聽完個案冗長的話之後，有時候會不知道往哪裡深入或介入。我建議心理諮商可以介入的四個重點是：（1）個案情

緒含量很高的地方；（2）個案的認知想法有問題的地方；（3）個案行為不適應的地方；以及（4）個案不斷抱怨的地方。

心理師聽到個案提到情緒含量很高的話題時，可以加以同理和關心，並且可以鼓勵或邀請個案深入多談一些。那些讓個案情緒起伏很大的人際關係和生活事件，必定是個案最在乎、最想處理的地方，例如：個案每次講到婆婆就非常激動，顯示有嚴重的婆媳問題，心理師可以邀請個案多說一點，並且把婆媳關係作為介入的重點之一。

心理諮商時，心理師是否總是要傾聽個案的冗長訴說呢？我覺得心理師可以選擇繼續傾聽，也可以選擇打斷，特別是當心理師聽到個案訴說似乎有明顯的非理性想法或認知扭曲，這個時候我建議心理師可以選擇打斷個案的訴說。可以說，「**對不起，請暫停一下，我剛剛聽到你說……，為人部屬應該服從長官，長官要你加班你就加班，即使造成你的婚姻關係很緊張，你也會服從長官去加班？**」心理師可以指出個案是否有一個工作重於家庭的想法，或者認為長官是不容商量的非理性認知？

心理諮商的時候，心理師如果觀察到個案從事不適應的行為或不健康的行為，例如選擇抽菸、喝酒、賭博、吸毒做為紓解壓力的方法，便可以以此作為介入的地方。為了緩解痛苦或壓力，個案會選擇一些短期看起來有效，但是長期對健康不好的方式，心理師可以針對個案表現不健康的行為作為介入的地方。

個案諮商時，花很多時間抱怨的某某人或某某事情，這是個案使用能量最多的地方，也是個案最在乎的人和事情，心理師可以通過個案最常抱怨的人和事情進行介入。心理師也可以回饋個案，他是否自覺到自己經常在抱怨某某人或某某事情，在抱怨的背後，他有什麼特別的想法和感覺？

三 個案有心理諮商可以介入的五個面向

　　心理諮商理論有很多種，每個理論都有自己所重視的面向，通常個案有心理諮商可以介入的五個面向，分別是生理、認知、情緒、行為和關係。從生理面向介入的學派有：生理回饋、身體工作（bodywork）等；從認知面向介入的學派有：認知治療；從情緒面向介入的學派有：個人中心、完形等；從行為面向介入的學派有：行為治療、行為改變技術等；從關係面向介入的學派有：人際歷程、家庭治療等。

　　雖然每個學派的介入不會只有一個面向，但是相較於其他學派，會有比較重視的介入面。有的學派會同時強調兩個或三個以上的介入面，例如：認知行為學派、理情治療學派，以及心理動力學派。

　　從圖 4-1 可知，個案有心理諮商可以介入的五個面向，因此，心理師在和個案一起工作的時候，可以檢視自己常用的介入面是哪一個或哪幾個。理論上，不論我們從哪一個面向介入，都可以影響到個案的其他面向，例如：從生理面向介入，如透過運動或呼吸，我們相信可以影響個案的認知、情緒、行為和關係。同樣的，以關係面向介入，例如：透過溝通或關心，我們相信可以影響個案的生理、認知、情緒和行為。重點是心理師需要透過對個案的了解，選擇最能夠幫助個案的面向進行介入。我們不需要去爭辯哪一個面向介入會優於另一個面向，這種學派之爭沒有意義，對個案的服務也沒有幫助。

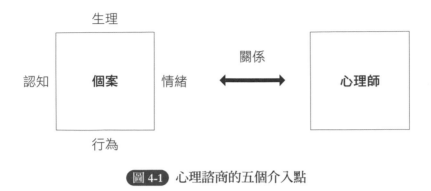

圖 4-1 心理諮商的五個介入點

四 諮商目標要怎麼訂？

　　心理師在平常執業的時候，通常會有一個籠統的大目標，那就是緩解個案的心理症狀、提升個案的生活功能，以及增進個案的整體心理健康。這個大目標通常可以涵蓋個案的諮商目標，如果個案和心理師的諮商目標不一樣或不能相容，那麼心理師需要跟個案澄清哪些諮商目標是可行的，哪些是不可行的。

　　有些諮商機構或醫療機構，由於品質管控的需要，會要求心理師填寫諮商處遇計畫或心理治療計畫，在計畫中要訂定諮商目標，而且為便於檢核，通常會希望心理師可以訂定行為目標。但是在實務上，個人開業的心理師，其實可以不需要太在意諮商目標的訂定是否具體可行，比較重要的，反而是所訂定的諮商目標是否符合個案的期待，以及是否可以涵蓋個案的諮商目標。我個人認為諮商目標不能訂得太細或太狹窄，因為很多個案不自覺的問題或個案沒有提出改善的問題，也是心理師要協助的地方。

　　在醫療的領域，病人去看病的時候，會先選擇看病的科別，例如內

科、外科、婦科、精神科等。醫師在診療的時候，會針對病人的主訴進行診斷和治療，這種分工非常細的執業方式，基本上不適用於心理師。心理師的執業方式比較類似家庭醫師，以個案的整體心理問題為診斷和治療的對象，包括那些個案沒有主訴的心理問題或行為困擾，例如：個案初談時抱怨心情憂鬱、失眠以及體重過胖，經過初談評估之後，心理師發現個案的人際關係和職業功能也有問題，這個時候，心理師也會一併評估和處理。

　　心理師應該以改善個案整體的心理功能、全面提升心理健康為諮商目標，不論是否為個案的主訴或重要他人的轉介問題，都是心理師要協助處理的地方。心理師真正關心的，不是個案的某個問題或困擾，而是個案這個人；關心個案整個人是否更健康、更有功能、更能有自覺的過生活。

五　什麼是 acting out 和 acting in？

　　Acting out 是指不適應行為，特別是指個案將潛意識的慾望和衝動，以不適當的方式表達出來。個案在日常生活和人際相處時，出現的 acting out 行為，例如心情不好就去喝酒消愁、割腕自傷、用三字經罵人，或者隨便和人發生性關係等。由於這些都是個案在諮商室以外的地方發生的行為，心理師沒有機會觀察，也比較難以介入處理。

　　如果個案在諮商室中和心理師相處的時候，把心中的慾望和衝動以不適當的方式表達出來，例如：個案不遵守諮商架構或約定、答應心理師的事情都沒有做到、要求在諮商室以外的地方見面，這些行為稱為 acting in，這是心理師和個案可以一起觀察到的。當心理師看到任何個案在諮商室出現這些 acting in 的行為，不論個案是否知覺、是否主動提出，心理師

不宜視而不見，應該把握機會主動提出，和個案一起討論，協助個案知覺和處理自己的不適應行為。

特別是兒童個案，兒童的語言能力比較弱，通常比較不會在諮商室主動提出自己的不適應行為來請求協助。因此，心理師可以透過和個案相處的時候，觀察個案的 acting in 行為，藉此幫助個案覺察和改變其不適應行為。例如兒童個案在和心理師下棋或玩牌時「偷吃步」或不按規則出牌，心理師便可以暫停下棋或玩牌，針對剛才個案表現出不適應的行為進行探討，探討不適應行為背後的感覺、慾望和想法，協助個案增進對自己不適應行為的覺察和了解。

心理師除了包容個案的不適應行為，還要進一步加以處理，只包容而不處理，個案的不適應行為不會自然消失或改變。我們要提醒個案，他的不適應行為如果不改變的話，會如何不利於個案的生活和成長。

反移情是了解個案的重要線索

心理師和個案工作的時候，了解個案的主要線索是個案所提供的材料，因此鼓勵個案自由聯想（free association），或想到什麼就說，會是教育個案正確認識心理諮商一件很重要的工作。一旦個案養成主動說話的習慣，而且想到什麼就說，個案就可以提供心理師許多了解個案內心世界的材料。但是單獨依賴個案主動提供談話材料是不夠的。這是因為個案為了保護自己，基於安全的考慮，個案在提供材料的時候，多少會做篩選，甚至因為防衛機制和缺少自覺，不知道要說什麼，或不知道要告訴心理師什麼。

幸好，心理師還可以透過另外一條重要的線索來了解個案，那就是心理師的反移情（counter transference），也就是個案帶給心理師的感受。個

案的言行刺激到心理師，使得心理師對個案產生某些特別的情緒、感受和想法，這些都是心理師可以利用來了解個案的線索。

　　個案告訴心理師的話，通常不如個案對心理師做的事來得直接清楚，個案的言行會引起心理師的強烈反應，自然也會引起其他人的強烈反應。心理師便可以使用這些線索來了解個案，進而增加個案的自我覺察。根據心理分析強迫重複（repetition compulsion）的原理或行為理論，過去的行為可以預測未來的行為，例如我們可以知道會說謊的人，不會只對家人說謊而不會對心理師說謊；對人不信任的個案，可能也會對心理師不信任。

　　心理師對每一位個案都會有些不同的感覺和想法，這些感覺和想法是有意義的，也是個案潛意識的溝通。心理師細心而技巧性地運用這些感受和想法，可以促進心理諮商談話的深度，例如，個案的言行讓心理師覺得不耐煩或非常憤怒，我們可以推測個案在諮商室外的言行，也會帶給其他人類似的感覺，但是個案可能沒有覺察。我們可以根據自己對個案的反移情，協助個案覺察自己的言行可能會如何的影響他人，幫助個案更能夠自我覺察和節制不適當的言行。

七　如何辨識移情和強迫重複

　　心理分析取向的心理師，在心理諮商的時候，會透過個案的移情（transference）和強迫重複，來協助個案自我覺察，增進自我了解。根據心理分析的強迫重複的原理，個案會把在原生家庭和父母的親子關係，強迫重複在其他重要人際關係（朋友關係、親密關係、夫妻關係等）之中，自然也會強迫重複在和心理師的諮商關係裡。個案和父母、重要他人，以及心理師的關係可以用圖 4-2 來說明。

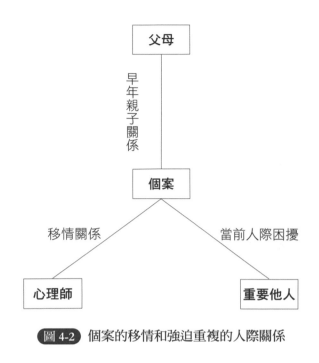

圖 4-2 個案的移情和強迫重複的人際關係

　　舉例說明，假設個案因為感情問題求助於心理師，主訴包括和男朋友的關係不穩定，不知道是否還要繼續交往。個案在心理諮商的時候，花很多的時間談她的男朋友，以及他們兩人的交往情形。心理分析取向的心理師會邀請個案談談她的原生家庭，以及她和父母早年的親子關係。心理師這樣引導個案去談原生家庭是有原因的，因為心理師假設當前的感情問題一定和早年的親子關係有重要的聯繫。除了談原生家庭，心理師也會邀請個案談談和心理師的關係，以及兩人在諮商晤談的互動關係。心理師這樣問也是有原因的，因為心理師會假設，個案不僅會不自覺的把早年跟父母的人際關係（或人際問題）重複在當前的男朋友身上，也會不自覺的重複在心理師身上。如果個案是一位疑心很重或很依賴的人，她不僅會懷疑或依賴男朋友，也會在諮商晤談時，懷疑或依賴心理師。心理師可以協助個

案去探討對人疑心或依賴的早年經驗和源頭，以幫助個案增進對自己個性的領悟。

通過這三個軸向的觀察、覺察和核對，個案才會相信人際問題的源頭在自己身上，而不在男朋友或心理師身上。透過移情的分析和詮釋，可以幫助個案覺察自己的感情困擾可能和原生家庭的親子關係有很強的聯繫，以便幫助個案覺察真正的問題所在，以及更有意識地去處理和男朋友的感情問題。

八 Malan 衝突三角的臨床應用

（一）衝突三角的概念

當人遇到人際衝突或內在衝突時，表示他經驗到了內外在各種力量的牽扯。Malan（1979）提出衝突三角（triangle of conflict）的概念，如圖 4-3 所示，用來說明個案內在衝突的三個力量，分述如下。

1. 防衛（defense）：從小重要他人對我們的期待，我們從小努力去表現自己，以便符合別人的期望。

2. 潛藏的慾望（hidden desire）：我們內在真實的慾望，最想要做什麼，最渴望成為什麼樣的人。

3. 焦慮（anxiety）：當我們從依照重要他人的期望去表現，移動到依照自己真實的感覺和慾望去表現時，所經驗到的焦慮和害怕。當我們依照自己真實的感覺和慾望去行為時，我們會經驗到被遺棄和被指責的恐懼，擔心自己會不會失控或崩潰；在我們依照真實的感覺和慾望而生活時，會不會在過程中被重要他人拋棄或有人受傷。是什麼東西阻止我們依照真實的感覺和慾望而生活呢？

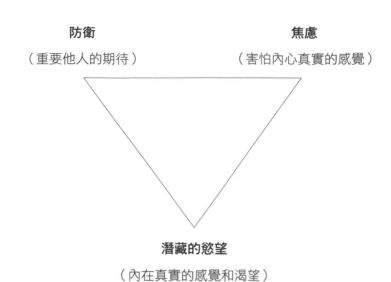

防衛　　　　　　　　　　　　　焦慮
（重要他人的期待）　　　　（害怕內心真實的感覺）

潛藏的慾望

（內在真實的感覺和渴望）

圖 4-3 Malan 的衝突三角

資料來源：Malan（1979）

（二）案例摘述

　　個案是一位女大學生，因為感情問題來心理諮商，想要透過諮商來決定是否要和甲男分手。甲是個案第一個交往的對象，因為喜歡甲，和甲比較親近，曾經和甲有親密的愛撫。因為兩人是同班同學，個案把兩人的交往視為秘密，不希望其他追求者知道自己比較喜歡甲。個案大四即將畢業，甲也會去當兵，到底要不要繼續交往下去，需要做個了結，因此個案心裡非常的糾結。

　　個案渴望有一個理想的男女關係，很重視對方對自己情感的承諾和信任，可是甲是一個比較花心的人，個案覺得對方不夠值得信任、不夠健康，而且家人也不支持他們的交往。兩人如果繼續交往下去，個案擔心自己會愈來愈喜歡甲，無法放下他，去接受其他人的追求。個案覺得自己在

沒有和甲疏離前，不應該給予其他男生太多接近自己的機會，也不希望同時跟很多男生來往。

個案平常有心事比較不習慣主動找人說，只會與母親、姊姊談。母親與姊姊都不支持自己和甲走太近。個案因為不想讓母親擔心自己，在自己和甲走太近時會有罪惡感。個案很擔心自己與甲繼續下去會無法擺脫甲，可是和甲分手又會非常的痛苦難過。

想要親密又不敢去做，想要滿足自己的慾望，又要擔心母親和姊姊的反對，喜歡甲又害怕感情愈陷愈深，想到要和甲分手就會痛苦傷心，這些都是個案所經驗到的痛苦和糾結。

（三）案例分析

我們試著用 Malan 的衝突三角來分析個案的感情問題。個案從小被教養成為好女孩，在家會依賴母親和姊姊，希望成為母親心中的好女兒。因此，個案在和甲交往的時候，不自覺的會顧慮到母親和姊姊的期待和意見，在學校也會顧慮到同學的眼光，不希望讓別人認為自己很隨便。個案依照重要他人的期待而表現自己時，便是一種心理的防衛和妥協。

個案正值談戀愛的年齡，渴望結交男朋友，並且發展親密的關係。個案真實的慾望和需要，是渴望有一個相愛的對象，和甲交往似乎能夠滿足內在真實的慾望和感覺，包括親密和性的需要。和異性談戀愛及發展親密關係，便是個案潛藏的慾望和真實的感覺。

當個案依照自己的感覺和慾望去和甲交往時，因為不符合母親和姊姊的期待，以及好女人的教養，因此感受到非常大的焦慮，害怕母親和姊姊不接受自己，害怕自己不是好女人，擔心同學不諒解，害怕找不到理想的結婚對象等。

（四）諮商策略

心理師透過衝突三角的分析，可以進一步了解個案內心的糾結，協助個案覺察衝突的三個面向，了解自己真正的感覺和需要是什麼，了解依照自己的感覺和需要去交往異性朋友時，自己在害怕什麼，在擔心什麼？並且協助個案看到自己使用哪些防衛或妥協，去對抗自己的焦慮不安。

我們可以提醒個案，小時候父母對她的教養和期待，隨著自己的長大成人，可以放鬆內化父母對自己的約束和期待，學習信任自己可以保護自己，在自己的人生中學習去探索和冒險，包括冒險去談戀愛，去練習依照自己真實的感覺和需要過生活。協助個案經驗到，依照自己的感覺和需要去生活，並不會導致被父母遺棄、被社會眼光淹沒、生活失控的後果。相反的，個案會過得更健康、更自由自在，而且仍然可以和重要他人維持夠好的人際關係。

九 能同理也能面質，能涵容也能設限

對新手心理師來說，學習同理和涵容（contain）個案的能力比較容易。同理和涵容的能力有助於建立良好的諮商關係，個案也會感覺舒服。在諮商與心理治療初期，同理心（empathy）和涵容的能力是必需的，也是重要的。

可是諮商與心理治療進入中期或工作期，面對個案的不適應行為和問題時，心理師光有同理心和涵容是不夠的，同理和涵容做多了，反而會增強個案的心理問題。在諮商關係比較正向而穩定的時候，心理師還要學習適當地面質個案的言行不一、表裡不一、口是心非，以及對自己問題的否認和迴避。

面對個案的不適應行為或 acting in，心理師要學習向個案設限，要求個案遵循諮商架構，要求個案節制對心理師的不當言行。對個案的不當言行，心理師不能視而不見，反而要加以面質和設限。心理師在和個案工作期間，需要交互使用同理和面質（confrontation）、涵容和設限（limit setting），彈性運用這些技巧，心理師才能真正幫助到個案。諮商與心理治療不能只做到讓個案感覺舒服而已，還必須針對個案的不適應行為和問題，一方面透過面質和設限，引發個案的負面情緒和行為，另一方面，透過同理和涵容，協助個案面對自己的問題，進行覺察和調整。

心理師要對個案設限，在操作上也不能操之過急，以下是一位受督者（許玉霜，2017）的經驗分享：

> 我個人曾有過一個緩慢設限的經驗。有些個案，在一開始設限嚴謹，有時會導致個案學習到「順從」或因排斥而消失不見，故我在一開始只先著重在「信任」關係的建立，隨著晤談的進行與對個案的了解，逐漸設限，並在設限中讓他學習到界線的重要性。

諮商與心理治療的過程，不能一直同理和接納個案，不能經常滿足個案的慾望，有時候心理師需要去挫折個案，才能夠看到個案被挫折的不適當反應，也才有機會幫助個案覺察自己的問題所在。以下是一位受督者的分享：

> 在我描述個案的過程中，林老師始終認真的在聽、在記，在同學們提出各自的分析與建議之後，我收穫並不多，因為他們說的，都在我的框架之內，並沒有意外或者驚喜。但是，在大家講完，林老師進

行最後督導的時候，他提出了一個觀點，超出了我的框架。他說：
「我會覺得你是一個好人，個案持續五年說明你的關係建立得很好，
但是，我會覺得，你是一個好人，但你並沒有運用自己給個案挫折的
訓練。」

林老師給我的就是這句話，它讓我反思自己在這個個案中，我對
規則的堅守，我對個案的共情，我對她目標的剝離，我對她現狀的尊
重。但是，我就是沒有有意識地運用「自己」這個工具，給予她挫折
訓練。作為社交障礙的個案，我與她的關係是一個最基礎的社交模
型，我沒有運用，沒有有意識到運用，總是在她的社交圈子裡發生的
事情之後，進行工作，而那對我來說，是他們的，並不是我們的，所
以效果的不理想，就在情理之中了。

林老師的角度、指點，讓我醍醐灌頂，在五年的時間內，個案的
問題仍然存在，一個最直接的工具卻沒有用，我一直縈繞在心頭的難
題，困頓住了的狀態有了新希望、新的路徑，我想，這就應該是一個
督導能夠給予我們學員的最好的東西。

➕ 投射技術的臨床應用

我們和個案在一起的時候，有許多的觀察機會可以了解個案，個案透
過各種方式表現自己，都是我們可以留意的地方。在研究所的時候，我們
都學過投射測驗，包括畫人測驗（draw-a-person test）和語句完成測驗等，
其實我們可以利用人總是不知不覺地投射他的內心世界和人格特質的原
理，來了解個案以及幫助個案了解自己。

在實施畫人測驗的時候，我們會請個案在一張白紙上畫一個人，透過個案的畫作來分析和了解個案。其實人不僅在一張白紙上投射內心世界和人格特質，也會投射在餐桌、居家布置，以及服裝儀容上。如果我們有機會去個案的家裡做家庭訪視或居家治療，可以仔細觀察個案如何布置他的居家或房間。個案其實不自覺地透過居家布置，在傳達他的心理與慾望。

在心理諮商的時候，我們也可以請個案在沙盤上隨心所欲，自由自在的建造立體的圖樣。沙遊治療（sandplay therapy）也是一種投射。畫人測驗是一種平面的表達，沙遊則是立體的表達。個案個人的穿著和打扮也是一種投射，透過穿著和打扮投射出內心的偏好和喜愛。熟悉投射技術（projective techniques）的原理，並且在臨床上實際應用，可以提升我們對於個案內心世界和人格特質的理解。

根據投射技術的原理，採用心理動力取向的心理師在布置諮商室的時候，也會特別留意諮商室的布置，要盡量維持單純、一致和模糊的調性，以方便觀察個案在諮商室的投射。把諮商室比喻為一張白紙，個案對於諮商室的評論和描述，也是一種內心觀點和想法的投射。同樣的，心理師也會依據投射原理，在服裝儀容上盡量維持單純、一致和模糊的特性，以便於觀察個案對於心理師人身的評論和投射。

十一 靜觀與心理治療

Kabat-Zinn（胡君梅、黃小萍譯，2013）在《正念療癒力：八週找回平靜、自信與智慧的自己》（*Full Catastrophe Living: Using the Wisdom of Your Body and Mind to Face Stress, Pain, and Illness*）這本書提到，「想要從靜觀練習獲益的最佳方法，就是別想從中獲得什麼，單純地做就對了。」（頁126）。

　　這句話也適用於諮商與心理治療。心理師從事諮商與心理治療，如果心存改變個案的強烈意圖時，就會遭遇個案強大的、來自潛意識的抗拒。因此，有經驗的心理師會盡量接納個案的現況與問題，並且鼓勵個案去覺察自己的現況和問題，只有當個案充分覺察自己的現況和問題時，自然就會產生改變的需要和行動。

　　當然，有些個案在充分覺察自己的問題之後，明智或不明智的選擇不改變，這個時候，心理師應予尊重，只能提醒個案要為自己選擇的結果負責。有些個案需要透過這樣親身實驗的過程去學習和成長。當個案覺察自己的選擇帶來不想要的結果時，或許會回過頭來尋求心理師的協助，這個時候，心理師對個案提供的諮商與心理治療就會更容易進行了。

　　套用 Kabat-Zinn 的話，「想要從心理諮商獲益的最佳方法，就是別想從中獲得什麼，單純地做就對了。」新手心理師可以從這句話得到啟示，因為新手心理師往往比個案還用力的工作，對改變個案抱持太大的企圖心，因此，也就吃力不討好，不僅諮商做得很辛苦，而且效果也沒有更好。

十二 呼吸放鬆是各種焦慮與壓力最好的介入方法

　　我覺得每個心理師都要學會放鬆技巧，以便可以幫助那些因為焦慮和壓力而受苦的民眾。放鬆的技巧有很多，包括呼吸放鬆、肌肉放鬆、想像放鬆等，都是心理師值得學習和應用的方法。

　　在各種放鬆技巧當中，我覺得呼吸放鬆是各種焦慮與壓力最好的介入方法。因為呼吸是每個人都有的經驗，很容易理解和說明，教導呼吸放鬆不會涉及宗教，也不會讓人聯想到心理疾病或心理有問題，會是民眾比較

容易或願意學習的放鬆技巧。

　　有禪坐經驗的心理師一定充分經驗過呼吸放鬆的效益，因此可以在心理諮商中多多推廣呼吸放鬆的應用。對於沒有禪坐經驗但是有興趣想學習呼吸放鬆技巧的心理師，我推薦《平靜的第一堂課：觀呼吸》（*Mindfulness in Plain English*）（賴隆彥譯，2012）這本書，作者在書中介紹如何透過單純覺察與清楚掌握整個呼吸的過程，達到正念，書寫條理清晰，很容易閱讀和理解。

十三 不自殺承諾的運用

　　在實務工作的時候，遇到想要自殺的個案，心理師通常會請個案做不自殺的承諾，以便可以在諮商中協助個案。但是很不幸的，不自殺承諾卻被誤用在沒有諮商關係的人身上。

　　例子一：若干年前當臺灣自殺率攀升到每 10 萬人口有 16 人時，為推動學生自殺防治計畫，教育部發文給各級學校，要求各級學校的學生簽署一張不自殺承諾書，這種以行政命令要求一般學生簽署不自殺承諾書，便是不自殺承諾的誤用。

　　例子二：有一位個案因為自殺問題被轉介給矯正機構的一位特約心理師，心理師在提供心理諮商給個案時，告知個案不可以再自殺，如果再自殺的話，原約定的心理諮商都會取消。這位個案晤談沒幾次就再度企圖自殺，心理師真的就終止了心理諮商，我認為這也是不自殺承諾的誤用。

　　不自殺承諾是一種臨床的概念和技巧，應該在臨床脈絡和諮商關係中使用，心理師針對一般人或尚無諮商關係的人使用，通常效果是有限的。在非臨床的脈絡或諮商關係中，例如機構首長要求部屬、老師要求學生、

家長要求子女簽署不自殺承諾，基本上是不可行的，做了效果也不大。

　　心理諮商的時候，為了能夠持續幫助個案，我們會以口頭或書面方式請個案承諾不自殺，有了個案的承諾，使得臨床助人工作可以繼續的實施。但是對於有困難承諾不自殺而企圖自殺的個案，心理師仍要繼續協助，而不是藉此遺棄個案。個案企圖自殺之後，我們不應遺棄個案，反而應該持續的提供個案所需要的幫助。個案透過企圖自殺來表達他的痛苦和無助，心理師應該要能聽得懂個案的非語言訊息，繼續幫助個案才對。

十四 伴侶應該一起談，還是分開談？

　　我必須說，伴侶應該一起談，還是分開談，是沒有正確答案的。以個別諮商為主要工作方式的心理師，會認定其中一人為其個案，因此要跟伴侶一起談，肯定會非常遲疑，會擔心立場、保密和忠誠等問題。如果個別諮商的個案向心理師提出想要伴侶一起談，這個時候，心理師可以和個案討論其想法、動機和期待，以及伴侶一起晤談對個別諮商的可能影響是什麼，在個案充分了解之後，再進行伴侶諮商（couple counseling）。

　　對於正處在衝突、對立、分居、離婚過程中的伴侶，心理師更要小心地評估伴侶一起談的必要性。對於想要朝向溝通、和解及修護關係的伴侶，心理師可以考慮伴侶諮商，但是只要一方不願溝通、和解及修護關係，心理師最好採取個別諮商。

　　當伴侶分居後，一方想要知道另一方的狀況，常常會要求伴侶諮商，以便透過諮商可以見到對方，掌握對方的生活現況，帶著這種動機的伴侶諮商，通常都會適得其反，不歡而散。

　　心理師要避免介入夫妻之間，成為三角關係，避免被利用來達成離婚

或復合的目的。我曾經有過一次失敗的夫妻諮商經驗,一對夫妻因離婚官司而求助律師,律師聽了他們的故事之後,建議找我做夫妻諮商,但是男方不想離,女方想離,因此夫妻諮商很難進行。

伴侶是否要一起談,有賴心理師的評估,以及衡量自己是否有足夠的臨床能力和訓練做伴侶諮商。太輕易聽從個案的想法或伴侶的建議,不一定是最好的專業判斷,心理師應該有自己的成熟判斷,清楚的知道為什麼要個別諮商或伴侶諮商。

心理師在諮商個案時,不僅要在個案和他的重要他人之間維持中立的角色,也要在個案的內外在客體之間維持中立的角色。換句話說,心理師要記得站在所有人事物的中間,不要偏袒任何一方。當心理師保持中立態度的時候,才能夠幫助個案看清一切事物的本來面貌,進行自我探索。

十五 團療有益於精神官能症患者

精神官能症的治療選項有:藥物治療、個別心理治療,以及團體治療（group therapy）（簡稱團療）,心理師可以評估患者的心理社會功能和需求,建議患者接受這三種治療選項。心理師可以提供個別治療和團體治療,也可以轉介患者到有提供團療的醫院精神科或諮商機構。

對於精神官能症患者,我會建議患者及家屬參加團療,是因為團療不僅可以獲得許多有用的衛生教育和醫療照護的正確資訊,更可以獲得病友的社會支持和情感交流。病友之間的互助和關懷常具有很大的治療效果。團療可以說是被低度使用的治療項目,卻是心理師可以提供和支援的治療項目,大量提供團療有助於降低醫療成本,提高治療成效,以及增加患者的滿意度。

　　「生活調適愛心會」對於團療的推廣和宣導不遺餘力，愛心會的志工會出席合作醫院的團療，分享自己罹患精神官能症和復原的親身經驗，甚至會鼓勵經常缺席的病友要堅持去上團療班，並且提供必要的交通接送，以及下課後的餐敘、休閒活動和旅遊。病友在愛心會志工的關懷和照顧之下，可以獲得很大的支持力量，縮短康復的時程。

　　我相信病友在藥物治療、個別心理治療和團療三者的共同照護之下，療效肯定會有加成的效果，因此特別加以推薦。

十六 使用協同會談的時機

　　一般諮商與心理治療是指心理師和個案晤談，每週一次。如果心理師單獨和個案的重要他人晤談，我們稱之為協同會談（collateral session）。心理師可以視需要，靈活運用協同會談，使用協同會談的時機如下。

　　心理師在治療兒童青少年個案時，可以視需要定期或不定期和家長單獨會談，以評估兒童青少年的身心發展，進行家長的親職教育，或者了解個案在家裡的生活概況等。

　　心理師在治療罹患精神疾病的個案時，可以視需要不定期和個案的家屬單獨會談，以評估個案的精神狀況，進行家屬衛生教育，或者了解個案在家裡的生活功能等。

　　心理師在治療家暴的個案時，可以視需要不定期和個案的配偶或家人單獨會談，以評估個案的婚姻關係和家庭概況，進行個案和配偶的婚姻諮詢，或者了解和確認個案是否繼續對家人表現暴力的行為。

　　心理師在治療生活功能較差、語言能力較弱，或者說話較不可靠的個案時，可以視需要和他的重要他人進行協同會談，以了解和確認個案所說

的話是否屬實，以及提供重要他人必要的衛生教育和照顧個案的知識與技巧訓練。

靈活運用協同會談有助於個案的評估診斷和心理治療，可以避免受個案的片面之詞所誤導。當然，進行協同會談之前，最好是得到個案的知後同意。

十七 直接和間接個案服務

心理師在研究所學習的階段，比較偏重直接個案服務（direct client service）的訓練，例如：個別諮商和心理衡鑑。可是到實務現場實習和工作的時候，就會發現心理師不僅提供直接個案服務，也要提供間接個案服務（indirect client service）。什麼是間接個案服務呢？哪些個案需要間接個案服務呢？

對於什麼是直接和間接個案服務，不同的機構和心理師會有不同的看法和定義。我個人是這樣理解的：所謂直接個案服務，就是心理師提供諮商服務給個案的時候，個案是坐在心理師面前的。典型的直接個案服務包括初談、個別心理衡鑑、個別心理諮商、婚姻與家庭諮商，以及團體諮商等。

什麼是間接個案服務呢？心理師在服務那些已登記或已掛號的個案時，個案並不在心理師面前或現場，心理師通常透過其他方式來幫助個案。典型的間接個案服務包括個案管理、與個案的重要他人會談、參與個案的協調會議、協助個案媒合社會福利或醫療資源等。

什麼樣的個案比較需要間接個案服務或個案管理呢？一般而言，精神疾病患者、兒童青少年個案、高風險或危機個案等，比較需要間接個案服

務或個案管理。心理師根據自己的臨床經驗做判斷,對於議題或病情比較單純的個案,可以提供直接個案服務,對於議題或病情比較複雜的個案,需要提供直接和間接個案服務。在有個案管理員制度的機構,心理師可以請個案管理員協助提供間接個案服務,在沒有個案管理員制度的機構,心理師需要自己同時提供直接和間接個案服務。

十八 一般心理治療和深度心理治療的區別

心理動力取向的心理師在諮商晤談時,有時候會視個案的需要和能力,選擇實施一般心理治療或深度心理治療。一般心理治療和深度心理治療的不同可以從三個層面來區分:技術層面、問題層面,以及自覺層面,如表 4-1 所示。

在技術層面,一般心理治療使用的諮商技術包括:傾聽、接納、同理、澄清、具體化和建議等;深度心理治療使用的諮商技術包括:自由聯想、移情的辨識和解析,以及抗拒的辨識和解析。

在問題層面,一般心理治療時,心理師關注的焦點是個案的困擾、痛苦、主訴和行為症狀;深度心理治療時,心理師關注的焦點是個案重複的困擾、莫名的情緒和非理性的認知,以及慾望與自我的衝突。

在自覺層面,一般心理治療時,心理師處理的是個案可以覺察到的問題和困擾,也就是個案可以意識到和說得出來的問題和困擾;深度心理治療時,心理師處理的是個案沒有覺察到的和潛意識的問題和困擾。

表 4-1 心理困擾的分析與治療

	技術層面	問題層面	自覺層面
一般心理治療	傾聽 接納 同理 澄清 具體化 建議	困擾、痛苦 ↓ 主訴 ↓ 重複的困擾	意識
深度心理治療	自由聯想 移情 抗拒 解析	↓ 莫名的情緒、認 知行為 ↓ 慾望與自我 的衝突	潛意識

第五章

臨床敏感度與判斷力

一‧臨床敏感度與判斷力的培養

二‧心理師如何辨識醫療級的個案？

三‧個案上癮或家暴期間，心理諮商會有效嗎？

四‧模式辨識的能力

五‧評價還是不評價？

六‧個案有無精神疾病，諮商起來差很大

七‧嚴重慢性精神病患者的治療目標

八‧留意自殺個案的眼神

九‧一個月是鑑定成癮行為的時間指標

十‧如何解讀個案與重要他人之間的
　　相對心理作用力？

十一‧行為改變談何容易

十二‧何謂治標與治本？

十三‧問題行為的背後是美德

十四‧價值觀左右我們的生活和行為

 # 臨床敏感度與判斷力的培養

　　臨床敏感度（clinical sensitivity）是一個很抽象、卻很重要的專業能力，往往只可意會不可言傳。培養臨床敏感度不能單靠閱讀文獻或上課，需要透過不斷的接案、和督導討論，以及參加個案研討會等方式培養。

　　臨床敏感度和專業直覺很類似，通常是指心理師看多了某一類型的個案，或在某一類型的場域長期工作，經年累月所培養出來的能力。這個能力幫助心理師可以很快地抓住個案問題的重點，或很快地形成診斷和個案概念化，或很快地判斷個案是否屬於高風險，需要進行危機處理，或很快地進行檢傷分類，讓個案獲得最佳的照護。

　　臨床敏感度可以幫助心理師判斷某些個案需要何種程度的協助，以及根據既有的治療策略或限制，個案的問題可以處理到什麼程度。具有臨床敏感度的心理師在和一個家庭工作時，可以很快地掌握家庭的動力，並知道誰是主要治療對象（Identified Patient, IP）、誰最有功能，以及誰的問題最大等。臨床敏感度可以說是資深心理師的綜合能力，需要時間和刻意的訓練。

　　臨床判斷力（clinical judgement）和臨床敏感度是相關的概念和能力，它很難教導，只能靠心理師以自己的臨床經驗慢慢累積起來。我曾經在督導研究生從事諮商實習時，遇過幾位研究生，當我建議他們視個案情況採取不同的諮商處遇時，他們就會感到十分困擾，總是希望我根據個案的不同情況提供具體建議。

　　督導實務上，接案的心理師最了解個案，督導只能提供原則性的建議，至於如何對個案進行貼切的評估和心理諮商，只能靠心理師本人在諮商現場視個案的反應和心理師自己的評估而做不同的臨床處遇。實習心理

師和資淺心理師需要透過臨床經驗累積自己的臨床判斷力，在灰色和模糊的臨床地帶進行最佳的判斷和處遇。

心理師在執業時，面對個案各種可能的狀況和反應，需要自行做臨床判斷，不可能去期待督導、其他心理師、其他醫事人員或行政人員來告訴你要怎麼處理個案的狀況和反應。具備臨床判斷力的心理師才能獨立執業，從事個案的臨床專業服務。

 ## 心理師如何辨識醫療級的個案？

心理師執業時對於什麼是嚴重、緊急、慢性化的個案，要有一定的敏感度。要如何辨識醫療級的個案，有賴心理師的臨床敏感度和專業的判斷，而不是依靠行政主管的行政判斷。因此區分專業判斷和行政判斷的不同，相當重要。

心理師應該培養獨立執行臨床業務的能力，能夠區別諮商級個案和醫療級個案的不同（請參考表 2-1，第 30 頁）。什麼是醫療級的個案呢？接受機構處遇（即機構化）的個案，通常都是醫療級的個案。機構化的個案包括：矯正機構收容的犯罪少年、精神科醫院收治的住院病人、育幼院收容的受保護的兒童青少年，以及符合特殊教育鑑定的兒童青少年。

在中小學服務的心理師雖然也會服務特殊教育的學生，但是仍以短期評估為主。中小學學生在確認為特殊教育學生之前，會請學校的專輔老師和駐校心理師協助評估心理功能，這項業務若沒有節制，勢必會排擠一般兒童的心理諮商服務資源。特殊教育體系有豐富的資源，應優先使用特殊教育資源，包括購買心理諮商服務給特教學生。有關學諮中心心理師是否受理特教生的心理諮商，請參閱第八章第三小節。

　　醫療級的個案通常需要長期而密集的諮商資源，但是多數中小學並沒有足夠的專輔老師和駐校心理師去執行長期的心理諮商和治療。

　　心理師可以從個案的精神病史去判斷個案問題的嚴重程度。越早發病，或就診多處精神科的個案，顯示其問題的不單純，值得進一步了解，作為診斷和心理治療計畫的參考。一般學生的問題通常屬於諮商級，可以由專輔老師和駐校心理師提供短期諮商協助。至於特殊教育學生和精神疾病學生，通常屬於醫療級個案，可以由特殊教育體系和精神醫療體系提供長期的諮商與心理治療協助。

三　個案上癮或家暴期間，心理諮商會有效嗎？

　　多年的臨床經驗告訴我們，持續上癮的個案或持續虐待兒童、婦女或老人的個案，即使提供一週一次的個別心理諮商，也是沒有效果的，這是因為每週一次、一次一小時的諮商效果，永遠比不上一週七天、每天 24 小時的上癮或家庭暴力。心理師再怎麼努力，個案回到暴力關係或上癮的生活方式，諮商效果有如大海裡的一杯水，根本無法發揮作用。

　　心理師面對上癮的個案，一定要要求個案在諮商期間停止濫用藥物、酗酒、吸毒，如果個案不同意或做不到，心理師只好跟個案說再見，告訴個案等他停止成癮行為之後，再來進行心理諮商。

　　同樣的道理，心理師面對持續虐待兒童的家長、持續打太太的先生，也一定要要求個案停止打小孩或太太，如果個案不同意或做不到，心理師只好停止心理諮商，必要時轉介家暴中心接受更密集的監督。

　　心理師在進行心理諮商時，一定要隨時掌握個案所處的生活環境，包括是否處於暴力的人際關係、是否持續成癮行為、是否持續處於霸凌的學

校或職場。這些長期廣泛影響個案的致病因素，如果不優先停止和處理，單純的心理諮商基本上不會有效果。

必要時，心理師可以協同成癮防治機構或家暴中心進行個案工作，當個案持續諮商無效時，心理師便要懷疑，個案仍處於上癮或暴力關係，並考慮中止諮商。

四 模式辨識的能力

心理師從事諮商與心理治療時，從每次的晤談、每次與個案的互動，去觀察個案的言行是否出現某種行為或問題的模式，像這樣的模式辨識（pattern recognition）能力，是心理師的專業功力。

我們除了從個案的生活述說和人際關係了解個案外，也可以從和個案的互動中了解個案。個案在和心理師晤談及互動時，會不自覺地把他的症狀和問題表現出來，可能是語言的，也可能是非語言的。這些重複表現出來的問題，便是一種強迫重複的問題模式。觀察並辨識個案的行為模式，然後協助個案自覺和接納自己的行為模式，才能掌握到治療的標的和精髓。

與其零散地去處理個案個別的症狀和言行（治標），不如集中心力去辨識和處理個案的行為模式與問題模式（治本），因為這些模式才是個案人格的表現，改變行為和問題模式，才會達到個案人格的領悟與改變。有關治標與治本的進一步討論，請參閱本章第十二小節。

五 評價還是不評價？

　　心理師在進行個案評估與診斷的時候，要採取高度評價的態度，但是在進行諮商與心理治療的時候，卻又要採取不評價的態度。心理師什麼時候要採用評價的態度工作，以及採用多少的評價，這些需要依賴多年臨床經驗的累積，才能達到純熟的地步。

　　心理師在進行初談評估或心理診斷的時候，雖然是屬於高度評價的工作，還是要盡量做到不要讓個案覺得被評價。心理師在進行諮商與心理治療的時候，雖然是屬於不評價的工作，可是還是要在心裡進行評估和評價。

　　其他專業人員經常會期待心理師去進行個案的評估和診斷，但是有些時候，也會期待不要去對個案做是非對錯的判斷。以下是一位受督者（許玉霜，2017）的經驗分享。

　　由於擔任調解委員的關係，我面對較多的青少年與法院的家事調解個案（夫妻），我受到一位法官的影響，他說：「調解委員不是法官，不能裁定當事人的對錯」，而開始慢慢轉變我的觀點。沒有對與錯，只有適合與不適合當時的情境，以及應對的方式是否為對方所要的，包括親子衝突、夫妻衝突等。當然在過程中，對我而言最為重要的卻也最難的是，如何將自己的評價系統束之高閣。

六 個案有無精神疾病，諮商起來差很大

　　心理諮商一般人時，處理他們的發展性問題，顯然和心理治療精神疾

病患者，處理他們的症狀、功能損害和疾病適應，應該有明顯的不同。心理師從事精神疾病患者的心理諮商時，最好要有下列的認識：

1. 心理師要降低對精神疾病患者的治療目標和期待。
2. 心理師要認識到，精神疾病患者的語言表達、思考能力和情感表現明顯不如一般正常人。
3. 心理治療的目標有時候在於症狀的緩解、功能的改善，但是很多時候，治療目標是在於維持症狀、維持功能，以及與疾病共同生活。
4. 除了與患者工作，心理師有時候也要與患者的家屬工作，協助家屬更有能力去照顧患者。
5. 心理治療的目標不在於增進患者對個性與自我的覺察和領悟，而在於提供支持與建議，協助患者適應疾病與生活。

七 嚴重慢性精神病患者的治療目標

嚴重慢性精神病通常是終生疾病，即使藥物治療也只能症狀控制，很難根治疾病。因此，心理師從事這類個案的諮商與心理治療時，需要降低治療期望——透過諮商與心理治療可以幫助個案減少症狀、維持生活功能，以及學習與疾病共存。以下是一位受督者（楊海菊，2016）的經驗分享：

「嚴重的心理疾病很少有治好的，只能維持症狀，學會與病共存！」這是我第一次聽到，非常震驚！可私下仔細回顧這些疾病，又不難理解，因為患有心理疾病的人，有人格氣質特點、遺傳基因、後天環境長期影響等多種因素共同作用的結果，病情非常複雜，哪能那

麼輕易就治好。就像我們患了心臟病、高血壓、糖尿病等生理疾病那樣，不也是終生要服藥，控制症狀不發展就是最好的治療了。所以要教育來訪者及家屬學會接受疾病，與疾病和平共處。

另一位受督者（許玉霜，2017）進一步分享她的臨床經驗如下：

我覺得在與嚴重慢性精神病患者工作，只要是在社區，就有可能進步，治癒不可能，但如何使其狀況改善卻是可行，只是無法在短期之內達成。就個人經驗，要達到些微效果，至少要三年以上，且是在「信任關係」下，療程才可能開展。同時，個案的後退與反反覆覆的行為對心理師而言是一大挫折，因此，如何允許個案後退與反反覆覆的行為對心理師而言是一大挑戰。

八 留意自殺個案的眼神

心理師在與自殺個案工作時，特別是在當面評估個案的自殺危險性的時候，可以觀察個案在晤談時的眼神。如果在晤談時，個案和心理師有眼神的接觸，表示個案和心理師在心理上有聯繫，這種心理上的聯繫可以拉住個案不會真正去自殺。如果在晤談時，個案和心理師沒有眼神的接觸，個案的眼神總是望向他方或遠處，表示個案和心理師之間沒有心理上的聯繫，個案可能因為過度的絕望和無望，不認為心理師可以幫助他，顯然一心想死。

心理師可以根據個案眼神的反應，進行評估和判斷。對於有眼神聯繫

的個案，我們可以請個案做不自殺的承諾，以便可以持續進行心理諮商，減少個案的自殺意念和行為。對於沒有眼神聯繫的個案，我們可能需要將個案強制住院，透過更密集的醫療照護層級來協助個案，避免個案離開心理諮商之後去自殺。

一個月是鑑定成癮行為的時間指標

以前我有一位酗酒的個案，他說他沒有酒癮，我說如果你可以一個月不喝酒，你就通過了沒有酒癮的考驗。我認為一個人可以堅持一個月不喝酒，便可以說他沒有酒癮。一個月的考驗標準也可以用在其他物質濫用，包括菸癮、藥物成癮等。在臨床上，我們常常需要一個客觀而方便使用的鑑定標準來說服個案是否成癮，我認為一個月的時間標準是一個適當的鑑定指標。

一個月不僅是負向成癮的鑑定指標，也是正向成癮的指標，例如：運動習慣、衛生習慣、安全習慣，及工作習慣等。在臨床工作的時候，我們怎麼確定個案是否已經養成某種良好的生活習慣或行為習慣呢，這個時候，我們可以建議個案使用一個月做為鑑定的標準。例如一位聲稱已經養成運動習慣的個案，我們怎麼確認呢？我們可以詢問個案是否每天持續運動超過一個月，如果是的話，便可以確認。超過的時間愈久，就表示習慣已經養成了。

如何解讀個案與重要他人之間的相對心理作用力？

我想用兩個例子來說明個案和重要他人之間的互動關係，特別是兩人

之間的心理作用力。第一個例子是嚴母與劣子，第二個例子是歇斯底里的太太和冷酷無情的先生。

有經驗的心理師如果有機會接觸和認識個案與他的重要他人，例如同時接觸和了解一對衝突的親子或配偶，將會發現他們兩人之間有一些強度相當的性格和行為。第一個例子如：一對衝突的母女，母親的態度和性格有多強硬，女兒就有多強硬；母親有多嚴厲，女兒就有多叛逆。另外一個例子：一對配偶，太太有多歇斯底里，先生就有多冷酷無情。這種心理動力的觀察，有助於心理師去假設，會造成親密家人之間的嚴重衝突，其實並無誰對誰錯、誰害誰、誰占便宜誰吃虧，以及誰是加害人、誰是受害人的問題，以免自己的立場不自覺的向某一方傾斜，加入兩人的衝突，而成為第三者。

任何嚴重衝突的兩個人，需要有相對的力道或心理能力，才能持續惡化或維持兩人的衝突關係。換句話說，沒有一方是省油的燈。也許表面上看起來，一方是加害人，一方是受害人，可是兩人對彼此的傷害或回應的力道是旗鼓相當的，只是表現的方式不同而已。例如家教嚴厲的母親會有行為脫序的女兒，歇斯底里的太太會有冷酷無情的先生。

心理師要假設沒有一方是全對、另一方是全錯，而是雙方都是對中有錯、錯中有對。感情激烈衝突的雙方，也是愛中有恨、恨中有愛的。心理師可以協助個案和重要他人覺察他們的互動方式，以增加自我覺察，並且鼓勵他們先做一些自我調整，避免強迫重複兩人過去的相處方式和水火不相容的痛苦。

⑪ 行為改變談何容易

從事心理諮商工作久了，對於個案的行為改變會有一些自己的想法。我認為人的行為改變是不容易的，為什麼不容易呢？不論是戒菸、瘦身、拖延、不運動、賴床等行為的改變或養成，都是很不容易的事情。這也是為什麼很多時候，父母改變不了子女的壞習慣，老師改變不了學生的壞行為，醫師改變不了病人的不健康行為。

任何不健康行為或壞習慣，個案自己都知道是不好的、是需要改變的，但是就是改不了。為什麼改不了呢？我想這是因為行為習慣背後有很強的靠山或支撐，這些靠山或支撐包括：強烈的信念、非理性的想法、強烈的感情、莫名的情緒、自動化的行為反應、個人的價值觀，以及強烈的熟悉感等。

除非個案充分了解不健康行為背後的這些支撐，並且也願意放棄這些支撐，否則很難改變，甚至會產生強烈的抗拒來面對行為的改變。心理師要幫助個案改變行為，不能像一般為人師長者或父母那樣去建議或要求個案改變，而是要站在個案的立場去探討目標行為的優缺點、改變和不改變的利弊得失，以及行為背後的想法和感情。真正的行為改變肯定和人格有很大的關係，也就是真正的行為改變，是從內在開始改變，甚至整個個性的調整。

當個案行為改變失敗的時候，心理師反而要能夠同理個案的挫敗，願意和個案一起面對困難，而不是責備個案不努力或不負責。心理師因為知道行為改變不容易，所以對於個案的緩慢進展會更有耐心，願意不離不棄的陪伴個案，一步一步走上行為改變之路。

十二 何謂治標與治本？

個案在心理諮商的時候，會談到學習問題、生涯問題、人際問題、家庭問題、失眠問題等等，這些可能都是個案的症狀或主訴問題。諮商晤談時，如果心理師只針對個案的這些行為症狀或主訴問題進行處理，便是治標。

如果我們可以從個案眾多的症狀或主訴，找到底層的（underlying）共同問題，例如某種心理疾病或人格問題，心理師針對這個心理疾病或人格問題進行處理，便是治本。因為，眾多症狀或主訴問題的源頭來自某一心理疾病或人格問題，一旦源頭的心理疾病或人格問題處理好了，下游的症狀和主訴問題便會跟著緩解和改善。

心理師都了解什麼是心理疾病，但是對於什麼是人格問題或人格偏差，彼此的理解可能會不一樣。我認為人格問題是比較深層的問題，包括：莫名的情緒、無法言喻的慾望、非理性的信念、模糊或混亂的自我概念、脆弱的自我功能，以及緊張的人際關係等。這些深層的人格問題如果沒有處理，會表現在生活的各方面，包括學業問題、生涯問題、人際問題、工作問題、家庭問題、感情問題等。

心理諮商的時候，心理師要訓練自己可以很快地看到個案主訴問題背後或底層的人格問題或心理疾病。如果某種心理疾病或人格問題可以解釋多數的主訴問題，我們便可以大膽假設它是所有問題的根本，然後針對它進行治本的心理諮商。為方便了解，我把表層問題和底層問題加以圖示（如圖 5-1），希望能讓讀者對治標和治本有更多的體會。

表層問題通常是個案比較能描述的問題，也是求助的問題，因為個案沒有受過心理專業訓練，比較不清楚自己為什麼會有這些問題或困擾。初

表層問題： 學習問題、生涯問題、人際問題、家庭問題、失眠問題⋯⋯

底層問題 ⎰ 有一定病程的心理疾病（如憂鬱症、焦慮症、成癮症、厭食症等）
　　　　　 ⎱ 長期的人格問題（如莫名情緒、非理性信念、模糊的自我概念、
　　　　　　脆弱的自我功能等）

圖 5-1 個案的表層問題和底層問題

談的時候，個案會主訴學習問題或生涯問題，但是在諮商的時候，會主訴人際問題或家庭問題，這時沒有經驗的心理師可能會感到困惑，到底個案的真正問題是什麼。有時候生涯問題處理了，個案會提出人際問題，人際問題處理了，個案又會再提出睡眠問題，好像都在問題的表面打轉。

　　底層問題通常是個案比較不覺察的問題，是比較根本的問題，相當程度可以解釋個案的多數主訴問題。底層問題基本上是人格問題，當人格問題或症狀表現符合心理疾病診斷標準時，我們會給予一個心理疾病的診斷。多數心理疾病的病程是有一個時間點，例如六個月或兩年。當個案的多數主訴問題可以由這個心理疾病來解釋時，我們可以說這個心理疾病是個案的底層問題，也是治本的對象。

　　當人格問題或症狀表現不符合某一心理疾病的診斷標準，但是可以解釋個案多數的主訴時，這種沒有疾病病程、未達疾病診斷標準，但是卻長期影響個案的心理社會功能，我們仍然可以針對這些人格問題進行心理治療，這就是治本的意思。

十三 問題行為的背後是美德

　　在看待個案行為問題的時候，心理師和一般人的眼光是不同的。個案約會遲到、說話不守信用、和人談事情總是惡言惡語，一般人會認為個案品行不好；工作總是被辭退，也不過是自作自受。心理師對於個案的問題行為，會認為是個案不得已的，是個案的自我防衛，是個案求助的信號，因此總是以同理心來理解個案。

　　從事心理諮商工作和學習心理分析之後，我覺得個案表面上會有令人厭惡的問題行為，可是仔細深入去了解個案之後，會發現個案從事不適應行為的背後，卻有一些值得肯定的動機和美德。每個人在日常生活中，總是在為自己做最好的打算，個案也是如此。每個人都想要有一份好工作、一份好的愛情關係，想要與人為善，想要成為一位有用的人，個案也是如此。只是很不幸的，個案在追求這些目標時，逐漸走偏了，採用不適應行為成為他們最佳的選擇。

　　心理師看見個案問題行為背後的美德，可以更同理和接納個案，比較不會像一般人那樣去苛責個案、厭惡個案。在心理諮商的過程，心理師重新框架個案的問題行為，幫助個案覺察他想要的生活和人生是什麼，以及認清目前的問題行為似乎無法長期有效的協助他們實現生活目標。

　　例如：一位經常打罵小孩的母親，她的出發點是為了孩子好，希望孩子不要誤入歧途，打罵行為背後的美德是想要成為一位負責任、想要好好教育孩子的好母親。又例如：一位考試作弊的青少年，其作弊行為背後的美德是想要獲得好成績，不要讓父母失望。當我們用這樣的眼光來理解個案時，比較容易同理個案，發展可以工作的友善關係，並且協助個案採取其他更有效的行為，來達到其最初的生活目標和願望。

十四 價值觀左右我們的生活和行為

　　根據 Wilson、Sandoz、Kitchens 與 Roberts（2010）的「生活價值量表」（The Valued Living Questionnaire），人們的價值觀可以分為十項：（1）家庭；（2）婚姻與其他親密關係；（3）友誼；（4）工作；（5）教育與個人發展；（6）娛樂與休閒；（7）靈性；（8）社區參與；（9）環境與自然，以及（10）健康與身體。究竟個案最重視哪些生活價值，這是個案需要澄清的，有了清楚的價值觀，個案在面臨抉擇時就比較會有清楚的方向。

　　心理諮商的時候，心理師通常不會輕易地給個案建議，這是因為心理師的建議，通常反映心理師的價值觀，不見得符合個案的價值觀。對於經常期待心理師給建議的個案，心理師要知道，個案似乎難以自己做選擇，並且不清楚自己的價值觀是什麼。心理師固然可以邀請個案填寫生活價值量表，進一步了解自己的價值觀，心理師也可以透過價值澄清，協助個案釐清自己最重視的價值是什麼。

　　例如：一位重視家庭的心理師，和一位重視友誼的個案，對於如何使用時間和金錢便會有很大的不同。又例如：一位重視公平正義的亞斯個案，和一位重視人際和諧的心理師，對於如何使用規則和獎懲便會有很大的不同。日常生活中，個案遇到的人際困難或資源分配的問題，常常和價值觀有關，如果個案不清楚自己的價值觀，便難以做選擇和決定。因此，心理諮商的重點在於協助個案進行價值澄清，遇到困難的人際和人生問題時，可以自己做選擇和決定。

第六章

未成年人與
非自願的個案

一‧如何詢問兒童發展史？

二‧諮商兒童青少年，

　　需要評估家長與家庭的影響

三‧獨立生活的未成年人

四‧如何輔導犯罪少年？

五‧如何諮商性平會轉介的非自願個案？

六‧如何和性侵害加害人晤談？

七‧如何處理行政轉介的非自願個案？

八‧非自願個案的三階段治療模式

 如何詢問兒童發展史？

　　心理師在評估兒童個案時，一定要蒐集詳細的發展史資料。兒童的各種情緒和行為問題，常常和早年的發展史有關，問題愈嚴重，或者問題愈複雜的個案，往往可以從早年發展史找到線索。

　　心理師通常以母親為對象，進行兒童個案發展史的詢問。如果個案早年的主要照顧者不是母親，心理師可以詢問誰是主要照顧者，並且邀請他／她接受詢問。發展史的內容包括：

1. 個案的誕生是否父母計畫懷孕的，懷孕過程如何？
2. 個案是否足月生產？是否自然生產？是否生產困難？
3. 出生時有無異狀？有無先天疾病？
4. 幾個月可以爬、可以坐、可以站、可以走路？可以說話？幾個月斷奶？斷奶有無困難？
5. 多大完成大小便訓練？過程有無困難？
6. 小時候是否很難帶？是否容易生病？是否住院或手術？
7. 小時候的天生氣質？個性脾氣如何？
8. 個案和母親的關係、和父親的關係，和手足的關係如何？
9. 父母的感情和婚姻如何？對教養小孩的看法如何？
10. 家裡還有哪些人一起住？彼此的關係如何？
11. 個案上托兒所、幼兒園和中小學的情形如何？有何特殊的事件？

諮商兒童青少年，需要評估家長與家庭的影響

　　心理師接診兒童青少年個案時，一定要先做評估，再進行諮商與心理

治療。個案評估時，不僅要評估個案本人，也要評估個案所生活的環境，如果是兒童青少年個案，心理師也要評估家長和家庭的影響，並且視需要進行協同會談。以下是一位受督者（王芳，2016）的經驗分享：

　　我的個案是高中學生，從高三起，早晨一到校，就開始拉肚子。去醫院檢查，醫生說是腸激躁症，開了藥吃，但仍然不能從根本上解決問題。家長非常焦慮，因為高三是學習壓力最大的一年。家長除了帶著孩子四處看醫生，還跟老師協調讓兒子在課堂上可隨意跑洗手間，並且每天都 N 次致電兒子詢問：今天在學校裡大便了幾次？家長帶兒子來我的諮詢室後，我覺得是緊張引起的焦慮，連續三次給這孩子做了催眠式放鬆。孩子的症狀有所緩解，可過了一段時間，又恢復原狀。我很鬱悶，不知道該從哪裡下手。

　　我跟林老師報告這個案例，希望得到老師的幫助。林老師說，首先要了解該同學在拉肚子之前，他曾跟什麼人在一起做什麼事情，具體引起了哪些焦慮反應？讓我從三點上入手。第一，先要詳細的評估，個案在什麼時候、什麼地方、跟什麼人在一起、做什麼事最焦慮緊張？第二，進行放鬆訓練，緊張焦慮的個案一定要訓練他放鬆；第三，小孩很容易受父母的影響，如果家長的緊張焦慮是孩子問題的源頭，我們也要幫助父母放鬆。

　　林老師還提醒到，愛恨情仇往往都是古典制約來的，如果要改變，必須重新做古典制約，因為放鬆和緊張是不能共存的。對治緊張焦慮最好的藥物就是做放鬆，把放鬆做為他的主要工作，放鬆是唯一的方法。

　　林老師提出的第三點，讓他的父母跟他一起做放鬆，一下子提醒

了我！是啊，我只知道讓這學生做放鬆，為什麼忽視了他的家庭環境？他的父親是公務員，還挺放鬆，他的母親是位護士，因工作性質，非常認真，時刻都是緊繃著，深怕自己的一個疏忽造成病人的病情受到影響。她又把這種緊張的情緒，帶到家庭裡，兒子最初就是一次偶然的上學拉肚子，可母親帶他在醫院裡徹底檢查。兒子一上學出門，她就緊張分分地問：你口袋裡裝好手紙了嗎？萬一路上肚子再壞了，好有地方上廁所。兒子在學校裡，本來也沒啥問題，他母親又跟老師溝通，讓對孩子進行特殊照顧，並且一天數次致電問孩子的情況。這些過多的關心，都會加重孩子的緊張情緒，自然加重焦慮的程度。我為什麼沒有想到這個問題呀！

　　現在我要說一說回來的情況。課程結束，我回來的第一件事情，就是跟這位同學的家長聯繫。我把他父母一起叫過來，詳細詢問了一些情況。父母說，孩子平時在家裡，沒有拉肚子的情況，尤其是放假日，一家人都很放鬆，大人孩子都沒有什麼心理壓力。可是，一到要上學的時候，媽媽首先就緊張了。從前一天晚上開始，媽媽就會絮叨好幾遍：老天保佑，老天保佑，我兒子明早上學可別壞肚子了。一早上起來，媽媽就把兒子喚起，讓他趕緊去洗手間蹲出大便來，還說，你拉出來，到學校就不會再去拉了。然後送兒子上學路上，也要問好幾遍，你怎麼樣？現在有沒有便意？不會一進教室，就忍不住跑廁所吧？兒子要回答好幾遍，現在沒事，現在沒事，她才能放心。可當她忐忑不安地到了自己工作單位，兒子往往肚子又壞了！這幾乎成了惡性循環。這不就是緊張焦慮的源頭嗎？哪怕一個正常人，有人在旁邊叨叨拉肚子拉肚子，恐怕不壞肚子也難吧？

　　我把這個原因跟個案的父母一起討論，他們也認識到孩子的問

題，引起他們的過分關注，這種關注更加深了大人孩子的焦慮。我教給他們呼吸放鬆法，讓父母先調整好心態，要注意不要去提上學壞肚子的問題，儘量轉移大人孩子的注意力。我還放了《一杯水的重量》視頻給家長看，重複林老師上課講到的：壓力不在於大小，而在於放在你心裡有多久。現在個案回饋，孩子的症狀已經大大緩解。

三 獨立生活的未成年人

有一位 16 歲的女性個案，因為長期離家生活，被母親通報到少年警察隊，以虞犯少年轉介法院觀護人，再由法官建議母女接受心理諮商。

心理師和這對母女晤談幾次之後，覺得雙方問題都很嚴重，說話跳躍，常用矛盾的方式溝通，覺得輔導起來很無力。

我聽了之後覺得母親比較有問題，女兒雖然 16 歲未成年，可是卻可以自己找到工作，在檳榔攤擔任西施賣檳榔，每月收入三萬元，每天工作上午 7 點到晚上 7 點，可以花八千元自己租房子住，顯示個案可以獨立生活，不需要母親的照顧，功能明顯很好。

母親從個案很小的時候和先生離婚，並且把個案交給婆婆帶，自己在酒店上班，等到個案上小學才接回家住。可是母親大部分時間還是不在家，因為工作時間從下午到深夜，個案回家一樣家裡沒有人。母親希望個案搬回家住，但是個案問：這和她小時候的生活沒有兩樣，何不分開住？

我與心理師分享我在美國的執業經驗，按照美國的法律，未成年人如果已經工作賺錢可以養活自己獨立生活、參加軍隊，或者和人結婚，就可以透過法律程序，請法院宣告為獨立成年（emancipation）。我建議心理諮

商的重點在於：（1）澄清雙方想要和對方維持何種關係？（2）建議母親把女兒視同成年人，以朋友的方式相處；（3）建議雙方找到可以和平相處的方式，重建母女關係，或者學習尊重彼此的生活方式。

四 如何輔導犯罪少年？

犯罪少年（juvenile delinquent）的輔導策略需要系統的介入，包括老師、心理師、社工師、輔導老師、導師、觀護人和家長。心理師在處理犯罪少年或藥物成癮少年的時候，一定要有生態諮商或系統取向的策略，這是因為這些個案的問題成因包括了個人、家庭、學校和社區等多元因素。犯罪少年的偏差行為，如果沒有早期發現、早期介入，少年成長的過程勢必成為社會治安的高風險個案。

這些個案往往很聰明，屬於智慧型的犯罪者。每次犯罪被逮捕之後，頭腦想的不是後悔道歉，而是下次如何不被發現和逮捕。他們沒有悔意，對別人的損失和痛苦也沒有感覺。他們往往有犯罪的家庭史，父母手足可能也犯罪或吸毒，個案從小耳濡目染，視犯罪和吸毒為生活的常態。如果沒有犯罪的家庭史，父母可能是失功能或者是對個案疏於管教。

非行少年的輔導在現行行政體系下，很難有固定的追蹤輔導，也缺少有效的轉銜機制。輔導犯罪少年和成癮少年，心理師採取單打獨鬥的方式成效會有限，最好的策略是聯合其他專業人員和重要他人，成為輔導團隊，定期舉辦個案研討或協調會，指定一位擔任個案管理員，而且要長期追蹤輔導。

犯罪少年和成癮少年的家長也需要參加親職教育，以改善他們管教子女的方式和態度，並且願意和心理師、老師、觀護人共同合作管教其子

女，而不是否認子女的犯行，或幫子女開脫他們的犯行。

五 如何諮商性平會轉介的非自願個案？

因為性騷擾他人而被申訴，經過性平會調查和審議之後，有些行為人會被性平會要求接受心理諮商若干小時，對於這類性平會轉介來心理諮商的非自願個案（involuntary client），我們要如何進行諮商？

如同一般個案，我們會在初次晤談時，進行知後同意（informed consent）的說明，告訴他諮商保密的限制，因為他被性平會轉介而來，所以我們多少要提供性平會有關諮商次數和成效的諮商報告。

我們可以教育個案如何參與心理諮商。非自願個案通常不了解心理諮商，總是認為來心理諮商是一種處罰。我們可以鼓勵個案既來之則安之，鼓勵個案學習信任我們，學習在晤談時想到什麼就說。我們可以鼓勵個案給自己一個機會來試用心理諮商，可以先晤談 6 次或 10 次看看，如果覺得心理諮商對他有幫助，他可以多談幾次。

我們可以鼓勵個案出席，主動選擇話題，並告訴他心理諮商結束之後會發給他證明文件，也會根據他的心理諮商出席率和進步狀況反映給轉介者。讓個案了解我們不是要處罰他，而是要幫助他。

除了面對面的心理諮商，我們還可以給個案一些作業，例如去聽性別平等的演講、看性別平等的書籍，或者觀看性別平等的教學錄影帶等。我們也可以把心理諮商當作一對一的教學，增進個案對於自我與性別平等的覺察。

（六）如何和性侵害加害人晤談？

在矯正機構提供心理諮商給個案，心理師常常面臨來自矯正機構的期望，希望心理師去和個案談性侵害或犯罪行為。當個案很抗拒的時候，心理師該怎麼辦？雖然每人享有政府免費提供的 12 次諮商，但也不可能每次都談性侵害。心理師最佳的工作方式是去關心個案整個人，而不是他的犯罪行為。當心理師把談話和工作放在關心個案整個人時，個案比較不排斥，心理師只能順著個案的意願去談。當個案開始信任心理師之後，自然就會開始參與心理諮商，也會比較有機會對自己的行為進行反思。

每個人都有表達的慾望，在一個願意傾聽的心理師面前，個案或多或少會想說些什麼，只要我們給予個案足夠的關心和真誠，個案也會調整自己慢慢對心理師開放，漸漸願意開始信任心理師。因此面對比較抗拒的個案，心理師不宜每次晤談時都去檢核個案的犯行或問題，因為個案也有面子和自尊心，為了保護自己，他肯定不願意揭露自己的犯行或問題。唯有心理師順著個案的慾望和意願去晤談，諮商才有可能持續下去。如果個案覺得我們和教導員、觀護人沒有兩樣，一定是因為我們沒有站在個案的立場，去理解他、去關心他。

有些心理師心裡排斥性侵害加害人或犯罪的受刑人，覺得他們是社會敗類，不可救藥，和他們做心理諮商是浪費時間。對這些個案反感或有強烈負向反移情的心理師，是很難去幫助個案的。心理師需要先處理自己的反移情，學習站在個案的立場，才能去理解和幫助個案。

七 如何處理行政轉介的非自願個案？

　　某高中輔導室多次輔導一位霸凌他人的高中生，效果不彰，於是輔導主任把這位個案轉介給社區機構派駐學校的心理師。個案不情願地來見駐校心理師，第一次晤談時，心理師問了一些問題，個案總是回答：「**不知道。**」「**還好。**」「**你為什麼要問這個？**」「**我不想說。**」雙方談了將近 30 分鐘，個案終於按捺不住，起身說：「**我不想談了，我要走了。**」心理師不知道下次晤談該怎麼和個案工作，於是在督導時，想和我討論如何幫助這位個案。

　　我把這類非自願個案，通稱為行政轉介個案，行政轉介個案是相對於自願求助個案的稱呼。但是行政轉介的個案當中，有一部分經過初談之後，了解心理師的角色和功能以及自己的需要，也很快地變成自願個案。但是還有一部分行政轉介的個案，經過初談之後，還是堅持認為自己沒有問題，不需要諮商，認為心理師是站在學校立場，是來迫害他的。對於這類行為偏差、防衛心很強、排斥輔導室和心理師的個案，我建議轉介者（如輔導主任或法官）可以規定個案接受 8 次或 10 次的心理諮商，作為替代處罰或減輕罰責的方式。

　　心理師可以利用這 8 次或 10 次的晤談機會，提供個案親身體驗什麼是心理諮商，以及有機會可以認識心理師的角色和功能。諮商晤談時，心理師可以告訴個案，他很同理個案不能不來晤談的無奈，但也希望個案給自己一個機會來試用心理諮商這個服務。他可以談任何想談的話題，不一定要談轉介問題，最終希望在 8 次或 10 次的諮商之後，個案覺得諮商對他有幫助，願意信任心理師，承認自己有些困擾需要處理。

　　個案在試用心理諮商期間，如果感受到諮商的好處和效果，願意在規

定的次數之後繼續諮商，那麼自然就會轉成為自願個案了。唯有當個案成為自願個案時，才有真正的心理諮商可言。在前面幾次試用期間的晤談，頂多可以說是產品試用階段，幫助個案認識心理師和心理諮商，以及區別心理師和轉介單位的不同，了解心理師站在個案的立場，幫助個案可以更有效地在學校和社區生活，以及學習用更適應的方式做人處事。

很多時候，心理師不僅要教育個案如何從心理諮商中獲益，也要教育轉介單位如何轉介個案，才能讓非自願個案變成自願個案。中小學輔導教師由於多重關係和保密的限制，往往在諮商非行少年時有很多的困難，這個時候，如果輔導教師可以像心理師一樣，先教育個案和轉介單位，將可以事半功倍的實施心理諮商。和非行少年站在對立面的輔導教師和心理師，將難以和非行少年工作。

非行少年是帶著創傷長大的孩子，輔導教師和心理師需要更大的包容力，願意承受非行少年的挑戰和攻擊。只有經得起非行少年的強大考驗之後，贏得少年信任的輔導教師和心理師才有機會幫助少年。非行少年不會因為你是輔導教師或有執照的心理師，就會自動信任你，跟非行少年工作，猶如要將仇人轉變成愛人一般，需要更多的努力和付出。

八　非自願個案的三階段治療模式

非自願個案通常會經歷抗拒、接受和期待三個治療階段。非自願個案包括受保護管束的青少年、矯正機構收容的犯罪少年、性侵害加害人、戒治所的成癮個案，以及各類被強迫接受諮商與心理治療的個案。

這些被要求接受治療的個案，對於心理治療的反應是抗拒的，如果有選擇的話，他們不會願意來晤談。他們認為自己沒有問題，或者認為晤談

沒有用。個案在諮商室的態度通常是很被動地回答問題，不願意自我揭露，不認為心理師會幫助他們，不信任心理師，對心理師表現出防衛的態度。

晤談一段時間之後，個案可能會慢慢覺得晤談經驗還不錯，覺得心理師還可以信任，覺得諮商與心理治療可能有點幫助，個案就會進入接受期。在接受期的個案，比較願意配合心理師的要求，按時來談，也比較願意回答心理師的問題，多少會視情況揭露自己，開始認為諮商與心理治療是在幫助他們，而不是處罰他們。

在接受期之後，個案愈來愈信任心理師，對諮商的經驗和感覺愈來愈好，開始主動思考自己的問題，以及尋求心理師的幫助，平常會想到心理師跟他們說的話，也會期待諮商晤談的到來。在期待期的個案，基本上和自願個案差不多，會主動求助心理師，和心理師的信任關係更深，自我揭露也更多，諮商和心理治療的效果也就特別明顯，個案自然也會跟別人推薦自己的心理師。

每位非自願個案經歷抗拒、接受和期待三個治療階段的時間不同，有的會經歷較長的抗拒期，才會慢慢走向接受期和期待期。有的會很快的從抗拒期走到接受期和期待期，也有的非自願個案在還沒有到達接受期或期待期之前，就已經中輟了。心理師和非自願個案工作時，如果可以更有耐心和包容，或許可以讓非自願個案持續接受諮商，並且逐步克服抗拒期，走到接受期，甚至到達期待期，成為一位自願接受諮商的個案。

第七章

諮商專業倫理

一‧個案同時有兩位心理師，該如何處理？

二‧雙重忠誠的兩難？

三‧諮商保密是相對的，

功能愈高的個案享有愈多的保密

四‧中小學實施心理諮商效果不佳的原因

五‧接到已經通報過的個案，是否需要再通報？

六‧心理師要有生態系統觀，但不是身兼多職

七‧交友滿天下，個案沒幾人

八‧要與個案維持清楚的專業界線

九‧隱微的雙重關係

十‧心理師不宜在網路上揭露個人資訊

 個案同時有兩位心理師，該如何處理？

　　個案同時看兩位心理師一定會比看一個好嗎？心理師和個案維持多重關係固然不符合專業倫理，即使個案同時看兩位心理師通常效果也不會更好，除非兩位心理師提供的服務可以明顯區別。

　　一名個案是某寄養機構的院童，經社工評估後，申請社會局派心理師提供 25 小時的心理諮商服務。同時，學校導師也因為個案有需要而轉介駐校心理師。這個時候，駐校心理師可以做什麼，來避免和社會局的心理師工作重疊？原則上，只要能夠清楚區分兩位心理師的服務項目，例如：社會局心理師可以做心理諮商，駐校心理師可以做心理評估和衡鑑、個案管理或團體輔導，如此業務分工，不必然會違反專業倫理。

　　以本案為例，駐校心理師在接到轉介的第一時間，如果知道個案已經有社會局的心理師在照顧，駐校心理師可以向轉介的導師說明，並鼓勵導師和社會局的心理師聯繫和合作，讓社會局的心理師統籌處理個案的問題，如此作法將可以避免發生個案同時有兩位心理師的問題，減少臨床和倫理的複雜度。

　　駐校心理師也可以作為備用，等到社會局心理師用完 25 小時的諮商服務之後，經過再次評估，有繼續心理諮商的需要，但是社會局不再補助諮商費用時，駐校心理師便可以接續提供個案所需要的心理諮商。

　　跨機構的兩位心理師要分工合作和協同輔導，有實務上的難度，如果可以避免的話，最好還是避免。

二 雙重忠誠的兩難？

　　某研究生認為教授根據他的期末報告的一部分去發表論文，侵害到他的智慧財產權，到法院去告教授。教授認為研究生疑似心理有問題，要求學生到學輔中心諮商，並請學輔中心撰寫評估報告。學輔中心的心理師在諮商時向研究生承諾，會保密其晤談內容，導致轉介的教授很不高興。

　　接受學輔中心的心理評估和心理諮商，都要尊重學生的意願，如果要撰寫評估報告，也要徵求學生的同意。心理師面臨雙重忠誠的考驗，究竟要站在校方和教授的立場，還是學生的立場？心理師若能夠透過說明取得學生的同意，進行心理評估和撰寫評估報告，這是兼顧雙方的作法。

　　如果個案不同意心理評估和撰寫報告，心理師可向轉介的校方或教授委婉說明，沒有經過個案的同意，心理師不可以進行心理評估和撰寫報告。如果校方想要透過心理評估作為處罰學生的依據，心理師要評估這種轉介的適當性，以及個案的意願。

　　心理師的上策是協助爭執的師生雙方，改善雙方的溝通和信任，並獲得雙方可以接受的和解方式，避免法律訴訟。如果雙方已經在法律訴訟的程序，學輔中心的心理師則不宜介入評估，可以轉介兩造到校外的諮商機構進行心理評估與撰寫報告，請雙方以自費方式辦理，或請法院委託專家辦理。

三 諮商保密是相對的，功能愈高的個案享有愈多的保密

　　很多新手心理師認為個案來接受心理諮商，便要為他們保密，臨床工作常常因為墨守保密規則而綁手綁腳，甚至面臨輔導團隊成員的不諒解，

以至於給別人留下心理師很不好搞、很難協同合作的印象。

　　心理諮商的保密是絕對的，還是相對的，這是一個值得澄清的問題。對我來說，諮商保密如同其他臨床問題，都是屬於專業判斷，都是因人、因事、因情況而異的。因此，我認為諮商保密是相對的。功能愈高的個案、自己付費的個案，享有愈多的保密。相對的，功能較低的個案、第三者付費的個案、慢性嚴重精神病患者、法院和社會局轉介的個案，以及未成年個案等，都享有相對較少的諮商保密。這是因為心理師需要和輔導團隊的其他成員溝通、協同合作的關係，以及為了讓付費或轉介的第三方了解個案接受心理諮商的情況。

　　一般而言，自費尋求私人開業的心理諮商，心理師會提供較多的專業保密，使用公家資源、第三者付費，以及健康保險的個案，心理師最好徵求個案的同意，容許心理師可以和付費的第三者、保險機構或轉介單位交換個案的訊息。如果個案拒絕，或要求高度的專業保密，心理師要評估是否可行才接受，否則最好婉拒提供心理諮商。

四　中小學實施心理諮商效果不佳的原因

　　輔導老師在中小學對學生個案實施心理諮商，一般效果都不會很好，我認為主要的原因不是輔導老師的訓練不好或能力太差，而在於背離諮商專業倫理。中小學輔導老師實施心理諮商效果不佳的原因，我歸納起來有六個：

（一）個案不知道為何來諮商

　　有些導師會希望輔導老師去諮商自己班上的學生，但是卻要求輔導老

師不要告訴學生他有什麼問題，或是不讓輔導老師告訴學生是導師轉介個案的。當個案不知道來諮商的理由時，自然不認為自己有問題，也就不會積極投入諮商晤談了，這個現象便是背離諮商專業倫理的知後同意。

（二）強迫學生接受心理諮商

有些學生是被學校記過或被導師要求而來接受諮商晤談，這種強迫學生接受諮商的狀況，便是背離諮商專業倫理的自願諮商的原則。個案如果心不甘情不願地出席，怎麼可能談得下去？怎麼會願意說出內心的祕密和自己的問題？

（三）與學生有雙重關係

在學校，輔導老師就是老師，輔導老師經常要上課，如果輔導老師只諮商未任教班級的學生，或許雙重關係的問題比較少，如果去諮商任教班級的學生，那麼雙重關係的問題比較大，容易背離諮商專業倫理的單純諮商關係的原則。

（四）隨時隨地諮商個案

在中小學裡，有時候會聽到輔導老師隨時隨地在諮商個案，比較沒有諮商時間和地點的架構。但輔導老師如果每週使用同一個時間諮商晤談個案，又容易造成該節課老師的不諒解。在中小學難以每週使用固定時間在固定地點晤談個案，自然會降低諮商架構的穩定度和成效。

（五）撰寫詳細的諮商紀錄

有些輔導老師不了解諮商紀錄和諮商保密有連帶關係，諮商紀錄寫得

愈詳細，晤談內容也就愈難以保密。在諮商晤談內容難以保密的情況下，心理諮商的效果也就愈差。當個案知道諮商內容被詳細記錄，或者擔心諮商紀錄被其他老師看到的時候，他會因為要保護自己的隱私，而減少對諮商晤談的投入和隱私資料的分享。

（六）對來諮商的個案進行校安通報

在中小學服務的輔導老師，經常受限於校安通報，難以保密個案的隱私，在這種保密有限的諮商關係下，個案擔心晤談的內容被校安通報，因此晤談的時候比較有所顧忌和保留。個案涉及校安通報有關的事件時，例如藥物濫用、家庭暴力等，輔導老師依規定必須去通報，便會背離諮商專業倫理的保密原則，使得諮商的效果難以產生。

五 接到已經通報過的個案，是否需要再通報？

乙心理師接到一個新個案，是一位高中女生，因為憂鬱和親子衝突被轉介來心理諮商。在初次晤談的時候，父親告訴乙心理師，女兒幾年前曾經遭到性侵害，個性因此有很大的改變，不過這件事情曾經通報過婦幼保護專線，也有社工員來調查和處理。做完初次晤談之後，乙心理師的同事告訴他，這是涉及性侵害的個案，依照規定還是要通報，這也是為了保護心理師自己以免違法。

乙心理師根據自己的臨床經驗，覺得要通報已經通報過的個案，似乎多此一舉，可是同事的提醒也不無道理，到底要不要通報呢？心裡感到十分為難，於是他來諮詢我這個問題。我個人認為多數已經通報過的個案，原則上不需要再通報，除非心理師懷疑個案或有人正處於遭受性侵或家庭

暴力的風險，而上述個案似乎沒有讓乙心理師感到最近有被性侵或家庭暴力的危險。

心理師接到疑似兒童虐待、家庭暴力或性侵害的個案，如何判斷是否要通報社會局呢？我認為是否通報社會局的判斷依據有下列幾點：

1. 是否已經有人通報過？如果經查證已有人通報，原則上就不需要再通報，只要在個案紀錄上記載曾經被通報過即可。

2. 心理師如果懷疑個案曾經遭到性侵害或兒童虐待，並且沒有被通報過，這種情況是否要通報呢？我覺得如果事件發生的時間是很久以前，那麼原則上愈久遠的事件，愈不需要通報，事件發生的時間愈接近現在，愈需要通報。例如一位成年個案提到小時候被性侵害或兒童虐待，事件發生已經超過十幾、二十年了，在這種情況下，除非個案想通報，否則心理師通報也沒有多大意義。因為歷史久遠，事件的調查很困難，現在個案都已經成年了，也不需要社會局的保護了。如果事件發生的時間很近，個案還未成年，或者家裡還有其他未成年人可能遭受性侵害或兒童虐待，那麼就需要通報社會局。

3. 我覺得接到已經通報過的個案，是否要再通報，最主要的判斷依據是我們是否懷疑個案正遭受性侵害或兒童虐待，以及個案是否需要社會局的協助。上述乙心理師接到的個案，主訴是憂鬱和親子衝突，在初次晤談的時候，案父提到個案過去曾遭受性侵害，而且也已經有社工員調查處理過了，目前並沒有遭受性侵害或兒童虐待的風險，也不需要社會局的協助，在這種情況之下，我覺得可以不需要重複通報。

如果乙心理師在諮詢督導之後，心裡還是不踏實，可以打電話到婦幼

保護專線,去諮詢社會局是否需要再通報一次。心理師在評估疑似兒童虐待或性侵害個案的時候,不僅要考慮到自我保護,更要考慮到個案的意願和福祉,以及社會局的資源。如果通報有助於個案的福祉,即使通報手續再麻煩,心理師也要通報。如果通報不僅無助於個案的福祉,反而會增加個案和社會局的困擾,心理師也不能因為要自我保護,為了通報而通報。

(六) 心理師要有生態系統觀,但不是身兼多職

　　心理師主要的工作型態是在諮商室看個案,並且以處理個案內心世界的材料為主。為了避免心理師在協助個案的時候,陷入見樹不見林的困境,心理師被期待在個案工作的時候,要有生態系統的觀點。這是正確的觀點,但是心理師仍然不適宜去做系統中其他人的角色和工作。

　　以協助非行少年為例,心理師如果要有效地進行心理諮商,他必須對個案的生態系統有所了解,包括個案的家庭生活、學校生活和社區生活,並且能夠和系統中的其他人,如家長、老師、社工師和觀護人等協同合作,而不是去扮演這些人的角色和去做這些人的工作。

　　維持單純的諮商關係,有助於諮商效果的發揮。如果心理師同時扮演其他角色,與個案形成多重關係,這樣做不僅降低諮商效果,而且也不符合專業倫理。系統中的其他人常在有意無意的期待,要求心理師多做一些,甚至去取代其他人的角色和工作,例如去個案的班級上課、去向個案家長募款,或去出席個案的獎懲會議。心理師要能覺察這些不適當的期待和要求,並婉轉的說明和拒絕,以維持心理師有效而獨特的工作方式和專業倫理。

七 交友滿天下，個案沒幾人

　　心理師是一個很特別的專門職業，特殊的地方在於他很重視單純的專業關係和清楚的界線。對於喜歡交朋友的心理師，我想要提醒的一句話是：朋友多交一個，個案就會少一個。由於多重關係的限制，以及不利於心理諮商的實施，心理師並不適合與自己的親朋好友進行心理諮商。很多年前，我在美國執業的時候，就曾聽同行的心理師說過，「對我們來說，美國只有兩種人，一種人是心理師，另一種人是個案。」這句話即是在說明心理師和個案的特殊關係，心理師不適合和個案做朋友，當你交友滿天下的時候，個案就沒有幾人了。

　　例如丙心理師喜歡廣結善緣和參與公益活動，為了擴大影響力和轉介來源，他參加同鄉會、同學會、扶輪社，以及擔任佛教團體的委員，認識很多人，因此朋友很多。在這種朋友很多的情況下，丙心理師固然可以增加很多個案的轉介，但是這些個案多多少少都跟他有雙重關係，個案不是他的同鄉、同學、扶輪社友，就是佛教團體裡的師兄師姐。他提供這些個案心理諮商容易因雙重關係而有違反專業倫理的問題。

　　又如丁心理師很受個案的喜愛，個案在結束心理諮商之後，都會跟他保持聯絡，甚至相約吃飯聊天，這些個案慢慢都變成丁心理師的朋友了。執業一段時間之後，丁心理師的朋友愈來愈多。現在問題來了，這些朋友遭遇心理困擾，想要回頭找丁心理師諮商時，丁心理師若提供這些朋友心理諮商時，便會因為雙重關係而違反專業倫理。

　　根據上述，我會建議心理師學習接受心理諮商行業的特殊限制，節制自己想要多交朋友的慾望，以及避免在諮商結束後，讓個案變成自己的朋友的作法。心理師執業，要有「一日心理師，終身心理師」的心理準備。

和個案維持單純的諮商關係是這個行業的特點，也是我們需要遵循的倫理準則。

八　要與個案維持清楚的專業界線

　　心理師與個案進行心理諮商時，要與個案維持清楚的專業界線。諮商工作處處需要我們展現清楚的專業界線。

　　例一：有些心理疾病患者堅持不去看病吃藥，執意要心理諮商。對於這樣的個案，我們仍然可以加以接待，盡可能提供協助，但是我們一定要量力而為，降低諮商目標。例如諮商嚴重心理疾病患者時，我覺得心理師能夠協助個案維持功能，不要惡化就很不錯了，要有這樣的心理準備才不會給自己帶來無謂的壓力。

　　例二：心理師與醫生不同，除了個案講到的症狀要幫忙，個案沒有講到、但是透過動作或非語言表現出來的問題，我們也要有所幫助。例如個案的生活作息很亂、沒有時間觀念或衛生觀念，心理師也會提醒個案覺察和改善。

　　例三：個案罵我們，我們不能罵回去，同樣的，個案愛我們，我們也不能愛回去。心理師要能夠節制自己不適當的情感，才能夠在諮商中以身作則，示範什麼是適應性的行為。心理師心情或情緒的起伏變化，不可以比個案大，如果心理師的情緒比個案還不穩定，就無法幫助個案。

　　例四：和個案工作時，心理師對個案的態度不要曖昧，對所有的事情和約定一定要說清楚，盡可能不要留下模糊空間，導致個案無限的想像。例如和個案約定晤談時間每次是 50 分鐘，那麼實際晤談時就是 50 分鐘，時間到就要結束，不宜嘴巴說 50 分鐘，實際晤談時卻任意延長或縮短。

九 隱微的雙重關係

　　心理師在執業時，對於明顯的雙重關係會比較清楚注意到，對於隱微的雙重關係則比較難以辨識，例如心理師不要去諮商自己的親友，這是比較明顯的雙重關係，但是心理師要不要去諮商親友的親友，這是比較隱微的雙重關係議題。以下列出幾種可能的雙重關係，如果你是心理師，你會如何處理？

1. 在市場賣菜的蔡太太，使用社會局高風險家庭的個別諮商免費服務六次之後，請問你是否可以採用十把菜抵一次諮商的方式繼續個別心理諮商？

2. 個案結束心理諮商之後，邀請你去個案任職的機構演講、帶團體和工作坊。

3. 你的朋友的親戚，因為婚姻問題而十分痛苦，指定找你幫她做婚姻諮商，其他人都不要，因為她只信任你。

4. 個案在心理諮商結束後，向你要電子郵件信箱，日後想要寄生活近況讓你知道。

5. 個案接受你的心理諮商一段時間之後，請你也諮商她的兒子。

　　上述的例子是屬於比較隱微的雙重關係，不過還是雙重關係，因此如何適當的處理，以兼顧專業倫理和個案福祉，考驗著心理師的臨床判斷和專業智慧。

心理師不宜在網路上揭露個人資訊

　　心理師是非常特殊的專門職業，是以個人為助人工具，因此如何處理個人訊息要非常小心。在網路非常發達的現代社會，我會建議心理師盡量不要在網路上揭露自己的私人訊息。唯有當個案對我們所知有限的情況下，才能發揮心理師最大的諮商效果。個案對心理師的個人資料知道的愈多，愈會有困難投射內心的想法和慾望，導致個案問題分析的困難，以及諮商關係的複雜化。

　　我曾經看過有些心理師會在網路上撰寫部落格，或者會在任職機構的網頁上大量揭露自己的個人訊息。例如有一位心理師，他在任職機構的網頁上放了很多個人資料，包括自己的基本資料（生日、星座、嗜好）、自傳（身世、家庭背景）、家庭照片（和配偶、子女、寵物的合照），以及文章等。有些人本主義取向的心理師，在心理諮商時，為了表現出真誠和平等，會回答個案有關個人隱私的問題，並進一步認為，在網路上揭露個人訊息，即是對個案的真誠透明。

　　不同理論取向的心理師，或許對於是否要對個案揭露自己的隱私，以及揭露多少，有不同的看法。但是在網路上對所有人公開自己的隱私，我覺得多少會有讓自己過度曝光和招惹麻煩的風險。心理師工作的對象很多是有心理問題、或人格偏差，甚至有暴力行為的人，怎麼可以不多加小心呢？

　　心理分析取向的心理師幾乎都知道，為了讓個案可以投射內心的想法和慾望，心理師在心理諮商時要盡量做到中立、匿名和節制。所謂的匿名，便是避免讓個案知道心理師的個人資料，包括心理師的婚姻狀態、家庭背景、宗教信仰、政黨傾向、財務狀況、社團參與、嗜好興趣，以及人

際關係等。心理師不僅不可以主動揭露這些資料，當個案詢問的時候，我們也不宜回答，反而要去了解為何個案想要知道這些資料，背後有什麼樣的動機和原因。

　　什麼是心理師可以在網路上揭露的資訊呢？屬於心理師專業背景的資料，例如心理師相關證照名稱、學歷或學位名稱、諮商專長領域，以及執業時間和地點等。心理師在網路上公開這些訊息，不僅不會干擾心理諮商的實施，而且有助於民眾對你的認識，可作為民眾選擇心理師的參考。

　　總之，我認為不論理論取向為何，心理師都應該節制自己在網路上揭露個人資料，消極的可以降低過度曝光的風險，以保護心理師的安全，積極的可以維護單純的諮商關係，並促進心理諮商的效果。

第八章

執業範圍與工作場域

一・心理師執業受到專業倫理守則、
　　執業準則和法規的共同規範

二・心理師請主管機關函釋執業相關問題，
　　將會限縮執業空間

三・學校心理師要受理特教生的心理諮商嗎？

四・被霸凌個案的班級輔導

五・學校心理衛生推廣和直接服務的配置比例

六・心理師比較適合在門診工作

七・醫護人員如何轉介病人給心理師？

八・區別醫療性服務和支持性服務

九・如何閱讀處方箋？

十・心理師可以接診精神疾病患者嗎？

十一・拒絕精神科轉介的個案

十二・心理衛生三級預防 vs
　　　學生輔導工作三級預防

十三・衛生所是心理師提供民眾心理衛生
　　　服務的最佳場所

 心理師執業受到專業倫理守則、執業準則和法規的共同規範

　　心理師執業主要是受到專業倫理守則、執業準則，以及法律與行政命令三者的共同規範。至於這三者的區別，有些人可能還沒弄清楚，我想先分別說明一下。

　　專業倫理守則（code of ethics）是由公會訂定的，用來規範會員透過自律節制自己的專業特權與技術，以維護專業服務品質和保障當事人的權益福祉。因此，專業倫理是屬於同儕監督和同業自律的性質，對於什麼樣的執業行為是否符合倫理守則的判斷，應該由心理師公會自行判斷和規範。因此，各縣市衛生局如果收到民眾有關心理師違反倫理守則的申訴案件，都會移送各縣市心理師公會去處理。公會處理會員執業行為是否違反專業倫理是屬於專業規範的範圍，衛生主管機關通常不會介入。

　　什麼是執業準則（practice guideline）呢？執業準則是由專業心理機構、專業公會或學會訂定的，作為員工或會員執業的依據，以維持高品質的專業服務。國外的專業學會通常會不定期的制定執業準則，例如多元文化執業準則。諮商心理師公會全聯會為了協助會員執行業務時方便撰寫紀錄，曾經訂定「諮商心理師執行業務紀錄撰寫準則」。心理師執業時便可以遵循公會所訂定的執業準則，以維護專業服務品質和保障當事人權益。

　　什麼是法律與行政命令呢？法律是由立法院代表民意所訂定的條文，用來約束人民的最低標準。行政命令是主管機關依據法律授權所訂定的辦法或規則，以及解釋法律條文的函釋或公告。主管機關透過法律和行政命令來規範人民與職業團體。主管機關在發布辦法、規則、公告，以及函釋等行政命令之前，不一定會召集相關學／公會開會或徵詢專家學者，因此

所發布的行政命令或函釋，往往產生窒礙難行或限縮心理師執業的空間。

 ## 心理師請主管機關函釋執業相關問題，將會限縮執業空間

　　最近看到衛生福利部行文給心理師公會的解釋函，以公文函釋心理師不得於網路平臺進行心理諮詢與廣告。再加上幾年前，衛生福利部以函釋限制心理師向個案預收費用，以及不得向無故取消晤談者收費等。心理師執業時若發生疑義，心理諮商所和治療所的責任心理師、諮商機構的督導心理師，以及心理師公會，未能依據專業倫理守則和訂定執業準則進行自我專業規範，反而尋求衛生主管機關的函釋，讓人感到十分憂心。這種主管機關以行政命令取代專業規範的現象如果繼續發展下去，心理師執業的自主性將會消失，專業判斷的空間將會被壓縮，這是心理師們需要警惕的事情。

　　心理師執業時經常會遇到各式各樣的問題，舉例來說，如果遇到下列問題，你會怎麼處理？

1. 心理師執業時是否穿白袍？

2. 心理師是否可以使用另類療法幫助個案？

3. 心理師是否可以販售心理保健產品？

4. 心理師是否可以提供憂鬱症患者心理治療？

5. 心理師是否可以從事網路諮商？

6. 心理師是否可以使用生理回饋？

7. 心理師是否可以徵得個案同意預收費用？

8. 心理師是否可以提供未成年人心理諮商？

9. 心理師是否可以邀請個案擔任質性訪談研究的受訪者？

10. 心理師是否可以受邀出席個案的婚禮？

11. 心理師是否可以督導資淺的同事？

12. 心理師是否可以加個案的臉書或 Line 為好友？

心理師執業時遇到類似上述的問題，通常會思考這些問題是否涉及專業倫理議題，還是臨床專業議題，然後自行判斷處理。如果自行判斷後無法妥善處理時，會尋求督導或責任心理師的專業意見後再判斷處理。遺憾的是，有些督導心理師或責任心理師不願意負起專業判斷的責任，卻要行文請求主管機關給予回答。我們都知道主管機關以函釋或公告的方式回答心理師的執業問題，就是一種行政命令，我估計很多人沒有想到這個後果。

心理師應該要分清楚哪些事務是屬於專業自律和專業規範的範圍，哪些是屬於法律與行政命令要規範的範圍。未能釐清這兩個重要的概念和範疇，將會導致心理師專業自主性的萎縮和動輒得咎的執業困境。心理師遇到上述的問題，如果可以由心理師公會所制定的倫理守則和執業準則來回答，最好不要輕易行文衛生主管機關請求解釋。我們都知道，倫理守則和執業準則提供很多模糊空間和灰色地帶，容許心理師因地制宜，依當事人個別差異來進行最適當的專業協助。一旦透過衛生主管機關的函釋或行政命令，所詢問的事情就會變成一定可以或不可以做，白紙黑字沒有模糊空間提供專業判斷的餘地。

心理師同仁對於上述 12 個執業問題，其實都可以根據專業倫理守則和執業準則而獲得解答，舉例來說，問題 1 至問題 3 是屬於心理師專業素養和專業認同的議題；問題 4 至問題 6 是屬於專業訓練與能力的倫理議

題；問題 7 至問題 9 是屬於知後同意的倫理議題；問題 10 至問題 12 是屬於多重關係與專業界線的倫理議題。於此可知，心理師執業時遇到的大多數問題可以透過專業倫理守則和執業準則，獲得最佳處理的指引和協助。如果把這些執業問題拿去函詢衛生主管機關，衛生主管機關用可以或不可以的簡易函釋，不僅無助於複雜臨床問題的解決，反而限縮心理師的專業判斷和執業空間。

心理師遇到各種執業問題時，可以透過機構內外的研討會去訂定執業準則，心理師公會可以針對某些常見的執業問題，彙整各專業心理機構的執業準則，訂定一份跨機構使用的執業準則，例如由於網路諮商的提供逐漸增加，心理師公會全聯會可以對此訂定一份「心理師網路諮商執業準則」。這種處理心理師執業問題的態度和方式才是積極而正確的，不僅有助於心理師執業問題的解決，更可以增加心理師專業判斷的空間，提升專業服務品質和保障個案的權益。

 學校心理師要受理特教生的心理諮商嗎？

各縣市學生輔導諮商中心（簡稱學諮中心）的專任心理師的服務對象是誰？雖然說是全體學生甚至包括教師和家長，但是隨著心理師被師生接受的程度愈高，心理師將會面臨一個問題：眾多師生和家長中，誰是心理師服務的優先對象？我認為，一般學生是心理師服務的優先對象，其次才是特殊教育學生、教師和家長。主要的理由是：（1）一般學生的輔導資源只有輔導室和學諮中心，但是特殊教育學生卻有更多的特教資源可以使用；（2）嚴重精神疾病患者和特殊教育學生的問題通常比較嚴重而且慢性，需要特殊教育和精神醫療的長期協助；（3）特殊教育和嚴重精神疾

病學生如果使用學校心理師的資源，必然會排擠一般學生的服務。

最適合轉介學校心理師的學生，是一般發展性、特定問題的學生，而不是身心障礙的特殊教育學生。學校心理師和學諮中心在受理轉介的時候，需要有上述優先和次優先服務對象的概念，否則長期以往，不僅一般學生得不到足夠的心理諮商資源，也會容易導致心理師有工作耗竭的問題。

學校心理師的業務和工作方法包括：（1）問題評估與診斷；（2）諮商與心理治療；（3）危機處理；（4）個案管理；（5）諮詢與轉介；（6）心理衛生教育；（7）心理衛生預防推廣；（8）心理測驗與衡鑑；以及（9）督導與訓練。

學校心理師在服務一般學生之後，如果還有多餘的時間，可以提供特殊教育學生問題評估與短期諮商的服務。對於需要長期諮商服務的特殊教育學生，特教系統可以使用特教經費聘請心理師來提供諮商服務。

四　被霸凌個案的班級輔導

某位駐校心理師正在處理一位被霸凌的個案，家長想要個案和心理師蒐集證據，以便到法院去告霸凌的加害人。我認為要蒐集霸凌的證據是很難的，因為第一，霸凌的傷害通常是屬於心理的層面，例如恐懼、害怕等；第二，霸凌的加害人通常不會自己動手；第三，霸凌文化之下，由於擔心被霸凌，很少同學願意出庭作證。

如果霸凌行為持續存在，心理師單獨對受害者進行心理諮商的效果是有限的，因此，心理師必須採取生態系統的觀點，請求學校輔導室召開會議，請導師、社工師、輔導教師和家長一起來面對霸凌問題，並且尋求解決。

最重要的兩個人是導師和輔導老師。導師需要說服霸凌的旁觀者，挺身而出作為見證人，願意出來幫忙受害者。輔導老師可以針對霸凌加害人進行諮商，協助其從霸凌者轉變為愛護同學的保護天使。

我也會建議導師、輔導老師和家長去閱讀霸凌的文獻，《陪孩子面對霸凌：父母師長的行動指南》（心靈工坊出版）即是一本值得參考的好書。

當霸凌被縱容的時候，霸凌就會更嚴重，當輔導團隊的成員一起努力充實反霸凌的知能，並協同合作時，霸凌才會消失，受害人的心理諮商才會有效。

學校心理衛生推廣和直接服務的配置比例

在大學學輔中心工作的心理師和輔導老師，對於中心的人力和時間要花多少的比例在直接服務和心衛推廣，應該有意識地做配置，而且配置的比例要依中心的輔導人力和學生需求彈性做調整。

直接服務和心衛推廣的人力與時間配置，可以簡單地用三種配置比例來做說明。第一種是 7 比 3，也就是中心人力和時間的七成用在直接服務，三成用在心衛推廣。這是以直接服務為主要任務的學輔中心。

第二種是 3 比 7，也就是中心人力和時間的三成用在直接服務，七成用在心衛推廣，這是以心衛推廣為主要任務的學輔中心。

第三種是 5 比 5，也就是中心人力和時間用在直接服務和心衛推廣的比例是一半一半。

我認為直接服務有需要的學生是各級學校輔導中心的主要任務，因此，採用 7 比 3 的人力配置是比較理想的，各級學校輔導中心可以朝此努力。但是對於直接服務量不足的學校，輔導中心可以增加心衛推廣的比例

到 5 比 5 或 3 比 7。

　　要特別注意的一點是，心衛推廣不可以無上限的去做，因為心衛推廣做得太多太好的結果，一定會鼓勵很多學生來預約心理諮商。當學生預約心理諮商的人數增加，並且超過中心輔導人力的時候，便要降低心衛推廣的活動，否則會造成反效果，也就是等候諮商的學生人數很多，卻得不到即時的服務和照顧。萬一在等候名單上的學生發生自殺或病情惡化的事件時，輔導中心便會承擔知情不輔導的責任。

　　雖然心衛推廣活動比較容易表現學輔中心的業績成果，但是也要適可而止，不宜因為要和學務處其他單位做業績成果的評比，而忽視大力推動心理衛生活動可能帶給中心的副作用和困擾。

六　心理師比較適合在門診工作

　　心理師適合在門診工作，以門診病人為心理治療的對象，一方面是因為門診病人的功能高於住院病人，二方面是門診部的治療室和界線比住院部更容易維持。住院病人通常症狀嚴重，功能嚴重退化，服用高劑量的精神藥物，不利於接受心理治療。

　　門診病人平常回家生活，會與家人和親友同事發生人際問題和適應問題，心理治療才有很多議題和材料可以處理。慢性病房的病人長期受病房保護，遠離家庭和社區生活，基本上已適應病房生活，沒有特別需要處理的人際或生活議題。如果提供心理治療只是因為病人抱怨在病房太無聊，其實是不適當的轉介理由。

醫護人員如何轉介病人給心理師？

醫護人員評估病人有諮商與心理治療需求時，通常會徵求病人的同意，再轉介給心理師。但是醫護人員徵詢病人的結果，多數病人會認為不需要或不願意接受心理治療，這是怎麼一回事？

在住院部也一樣，醫護人員在評估病人需要心理治療後，會請心理師到病房去看病人。當心理師接到醫護人員的轉介，可以直接去病房看病人嗎？病人看到心理師來看他，心裡會作何感想？會不會擔心其他病床的人以為他有精神問題？他可以信任心理師嗎？多數毛遂自薦的心理師會遭遇來自病人的抗拒。

醫護人員該怎麼轉介心理師呢？我認為醫護人員不應該請心理師直接去病房看病人，建議醫護人員應該先向病人說明何謂心理治療，以及為何介紹他去看心理師，以及誰是心理師。在病人充分了解之後，再徵求病人的同意，並幫助病人約時間見心理師，而且最好是由醫護人員陪同，前往心理師的辦公室或心理治療室。

當病人可以自行或在醫護人員陪同之下前來心理治療室會見心理師，以及醫護人員可以先在病人之前美言心理師的情形之下，病人才會做好心理準備，開始心理治療，也才能夠減少來自病人的抗拒。

 區別醫療性服務和支持性服務

醫事人員可以依法執行醫療性服務和支持性服務，非醫事人員可以執行醫療性服務以外的支持性服務。如何定義支持性服務呢？我們可以視機構的宗旨和服務項目加以界定。常見的支持性服務包括：

1. 個別會談

2. 支持團體

3. 衛生教育

4. 家庭訪視

5. 個案管理

6. 生活常規訓練

7. 交通接送

8. 溝通翻譯

9. 家屬訓練

10. 社區外展

　　支持性服務的目的和功能在於輔助醫療，包括：增進個案遵循醫囑、規則看病服藥、增進醫病關係、生活壓力調適、增加社會支持、改善工作能力和人際關係、增進病識感，以及增加生活自理能力等。

　　提供支持性服務的人員，包括受過訓練的醫事人員、志工、實習生、病友以及家屬等。帶領非醫事人員從事支持性服務，需要定期提供訓練和督導，畢竟那些需要支持性服務的病友，通常罹患嚴重慢性精神疾病，需要在專業人員的督導下從事支持性服務。

九　如何閱讀處方箋？

　　心理師的個案當中，有一定比例的個案曾經或正在接受醫師的藥物治療，特別是精神疾病患者，因此，我會建議心理師應該要學會閱讀精神科醫師的處方箋。在醫院工作的心理師可以從病歷中看到個案的精神藥物處

方,在學校或社區執業的心理師,要例行性的詢問個案是否有看精神科醫師,如果有的話,應該請個案把藥袋或處方籤帶來給我們看,閱讀並了解個案正在使用何種精神藥物,有助於我們對個案的正確診斷,以及了解藥物對個案可能的治療反應,包括有效反應和副作用。當心理師有足夠精神藥物學的知識時,比較容易對個案進行衛教。若自己認為對個案進行藥物衛教超出能力範圍,可以建議個案尋求醫師或藥師的衛教諮詢。

根據中國大陸《處方管理辦法》,處方籤是醫師對病人用藥的書面文件,是藥劑人員調配藥品的依據。處方籤的內容包括四部分:(1)處方前記:包括醫院全稱、科別、病人姓名、性別、年齡、日期等;(2)處方頭:處方以「R」或「PR」起頭,意為下列藥品;(3)處方正方:是處方的主要部分,包括藥品的名稱、劑型、規格、數量、用法等;(4)處方後記:包括醫生、藥劑人員、計價員簽名以示負責,簽名必須簽全名。處方籤在臺灣俗稱藥單。

心理師既然是醫事人員,對於服用藥物的個案,我們有必要了解個案的用藥情形。我們可以透過醫師的處方籤,了解醫師如何診斷和開立處方藥物給個案。不論心理師是否在醫院執業,我覺得都有必要認識處方籤,學會讀懂處方籤,以便在需要的時候可以幫助個案閱讀處方籤,以及協助個案遵循醫師指示服用藥物。處方籤上可以看到個案的診斷名稱、藥品名稱,藥品名稱之後會記載每次服用的藥量、藥量的單位、多久服用一次、何時服用、透過何種途徑進入身體、開給個案幾天的藥量,以及總藥量等。處方籤源自西方,因此在描述頻率和途徑的時候,醫師根據西方傳統會使用拉丁文的縮寫。處方籤的範例和每個拉丁文縮寫的中英文涵義可以參考表 8-1 的說明。

每種藥物都會有兩個名稱,一種是品牌名稱(brand name)(常指原

開發廠商初次上市商品名稱），一種是學名藥（generic name）（過專利期
後，同成分不同廠牌藥物）。有的個案服用某一種商品品牌的藥很有效，
服用相同成分、但是不同品牌名稱擔心效果不同時，醫師就會特別註明
DAW（dispense as written）。但是國內法規規定，若醫師未特別註明，同
意藥局得換用相同成分的藥品。

表 8-1 認識處方箋與常見拉丁文縮寫

處方箋範例 1

藥品名稱	一次用量	單位	劑型	頻率	途徑	天數	總藥量
Ampolin（Ampicillin）	1	250mg	Tab	TID	PO	30	90

說明：醫師開給這位病人的消炎藥是每錠 250 毫克的 Ampolin，每天分早中晚
三次口服，一共開了 30 天 90 錠的藥量。Ampolin 是商品名，Ampicillin 是化
學名稱或成分名稱。

處方箋範例 2

藥品名稱	一次用量	單位	劑型	頻率	途徑	天數	總藥量
Motrin（Ibuprofen）	1	400mg	Tab	q6h	PO	prn	48

說明：醫師開給這位病人的消炎止痛藥是每錠 400 毫克的 Motrin，疼痛時每 6
小時口服一顆，prn 指需要時才服用，一共開了 48 顆的藥量。

處方箋範例 3

藥品名稱	一次用量	單位	劑型	頻率	途徑	天數	總藥量
Prozac（Fluoxetine）	1	20mg	Cap	bid	PO	14	28

說明：醫師開給這位病人的抗憂鬱劑是每粒膠囊 20 毫克的百憂解，每天分早
晚兩次口服，一共開了 14 天共 28 粒的藥量。

表 8-1 認識處方箋與常見拉丁文縮寫（續）

頻率

bid - twice a day（一天兩次）

prn - as needed（視需要服用）

q - every（每）

q3h - every 3 hours（每 3 小時）

qd - every day（每天一次）

qid - four times a day（一天四次）

qod - every other day（每隔一天一次）

QDHS - every night at bedtime（每天睡前一次）

stat - immediately（立即服用）

tid - three times a day（一天三次）

何時

ac - before meals（飯前）

ae - at meal time（吃飯時）

hs - at bedtime（睡前）

int - between meals（兩餐之間）

pc - after meals（飯後）

劑型和劑量

caps - capsule（膠囊）

gtt - drops（藥水）

i, ii, iii, or iiii - the number of doses（1, 2, 3, or 4）

mg - milligrams（毫克）

ml - milliliters（毫升）

ss - one-half（一半）

tabs - tablets（錠劑）

tbsp - tablespoon（15ml）（大湯匙）

tsp - teaspoon（5ml）（小茶匙）

途徑

ad - right ear（右耳）

al - left ear（左耳）

od - right eye（右眼）

os - left eye（左眼）

ou - both eyes（雙眼）

po - by mouth（口服）

top - apply topically（局部外敷）

✚ 心理師可以接診精神疾病患者嗎？

　　很多人因為擔心觸犯醫療法而退縮，不敢發揮所學去幫助受苦的個案。我覺得心理師只要遵循諮商專業倫理，在自己專業能力範圍內就要盡可能的去協助需要諮商與心理治療的人。以下是一位受督者的經驗分享：

　　　　在實際接案中，我們經常會接觸到抑鬱症（憂鬱症）、焦慮症和人格障礙的個案。中國新《精神衛生法》出臺後，對神經症（精神官能症）以上的來訪者我們作為諮詢師都是無權來接待的。實際上我一直都在糾結著這個問題，因為中國的現況是求助者到了已經很痛苦的狀態才會走進諮詢室，走進諮詢室中的大部分人已經是神經症以上，此種規定讓我們諮詢師的位置很尷尬。比如抑鬱症，作為諮詢師，我的觀點是諮詢為主、藥物為輔，但《精神衛生法》的規定讓我覺得我這樣做好像是違規，並覺得會耽誤來訪者。林教授這次授課上說到我的心坎上，很多時候精神科的觀點與我們不一致時，我們是可以做的。以前的觀點是在精神科藥物輔助下心理諮詢，現在我們也可以試試先心理諮詢，心理諮詢效果不好，再加入藥物。這種順序上的肯定對我很重要，讓我覺得很多抑鬱症我們可以接，我們可以為神經症以上的求助者做些事情。

　　這次課程談到的人格障礙，我在諮詢中也碰到過，人格障礙的特質是什麼都不穩定，情緒、行為、自我認知、人際關係等等。這種求助者跟起來會很累，對這種求助者曾一度想放棄，可是課堂上聽到同學們的一些方法，覺得實際上這種人的長期陪伴是可以做到。也很喜

歡老師的兩句話：「諮詢師如何做到不在意來訪者究竟有什麼病，只要來訪者不痛苦就好」；「諮詢師如何容忍來訪者症狀的模糊不清，繼續工作」。

拒絕精神科轉介的個案

精神疾病患者只想接受心理師的協助，拒絕接受精神科的醫療協助，心理師該怎麼辦？我建議心理師還是要本著個案中心的思維，在可能範圍內盡量去幫助個案，不要輕易拒絕好不容易鼓起勇氣來求助的個案。

原則上，對於罹患精神疾病的個案，在我們專業評估之後，如果認為個案適合精神疾病的診斷與藥物治療，我們可以照會或轉介個案去求診精神科。如果評估結果認為個案比較適合諮商與心理治療，我們還是可以提供個案所需要的專業服務。為了符合法律規定，我們可以在紀錄上記載曾經建議個案尋求精神科協助的過程，以及在個案拒絕的情況下提供諮商與心理治療。

對於需要精神科藥物治療，卻又拒絕就醫的個案，心理師可以在自己專業能力範圍內提供諮商與心理治療，並且把治療目標訂在：減輕症狀，維持功能不要惡化。如果我們把目標訂得太高，太過強求，工作起來就會很挫折、很無力。

一般情況是個案以人際關係等問題來求助心理師，隨著心理諮商的深入，慢慢才發現個案罹患精神疾病，這個時候想要轉介個案就醫，個案又不願意。這種情形下依照專業倫理，我們還是要依照諮商約定繼續服務個案，不可以遺棄個案。

十二 心理衛生三級預防 vs 學生輔導工作三級預防

督導實務工作的時候，我發現心理衛生三級預防的概念和學生輔導工作三級預防的概念有明顯的不同，但受督者常常把兩個三級預防概念混淆在一起。

什麼是心理衛生三級預防呢？初級預防是針對一般民眾提供心理健康教育與促進的服務，主要目的在於預防一般民眾罹患心理疾病；次級預防是針對心理疾病高風險的個人或群體，提供早期發現早期治療的協助，例如短期介入和危機處理等，主要的目的在於緩解症狀和避免惡化；三級預防是針對心理疾病患者提供治療介入和復健，主要目的在於預防心理疾病患者的慢性化、殘障或死亡。

具有心理衛生三級預防概念的心理衛生專業人員，包括醫師、心理師、社工師等，都可以視服務對象的需要提供不同層級的服務，換句話說，各心理衛生專業人員都要會初級預防服務、次級預防服務以及三級預防服務。例如：面對社區民眾，可以辦理心理衛生專題演講；面對自殺個案，可以進行危機處理；面對心理疾病患者，可以提供諮商與心理治療；面對慢性嚴重精神疾病患者，可以提供心理復健等。

什麼是學生輔導工作三級預防呢？學生輔導工作三級預防有時稱作「學校三級輔導工作模式」。根據王麗斐、杜淑芬、羅明華、楊國如、卓瑛與謝曜任（2013）的論述，初級預防或發展性輔導工作是透過校長領軍的全校層級、導師的班級層級與輔導室支援層級共同合作達成；次級預防或介入性輔導是由輔導室主要負責，協助超出導師輔導知能可協助之學生；三級預防或處遇性輔導是由學生輔導諮商中心主責，協助超出校內輔導資源可協助之學生。

學生輔導工作三級預防或學校三級輔導工作模式，認為初級預防的工作內容是：提升學生正向思考、情緒與壓力管理、行為調控、人際互動，以及生涯發展知能，以促進全體學生心理健康與社會適應，由全體教師主責；次級預防的工作內容是早期發現高關懷群，早期介入輔導，由輔導教師主責；三級預防的工作內容是針對偏差行為及嚴重適應困難學生，整合專業輔導人力、醫療及社政資源，進行專業之輔導、諮商及治療，以及進行危機處理與善後處理，由專業輔導人員（心理師和社工師）主責。

我在接受社區心理衛生專業訓練的時候，學到心理衛生三級預防的概念，覺得這個概念很清楚，而且很實用，並且建議心理師和輔導教師也應該具備心理衛生三級預防的概念。至於學生輔導工作三級預防是怎麼來的，我推測是教育部在推動教訓輔三合一的時候，把教訓輔三合一的政策和心理衛生三級預防做整合和修改。因此，我會提醒心理師和輔導教師要留意兩種概念的不同。在醫療院所和社區心理衛生中心服務的人，一定要遵循心理衛生三級預防的概念；在各級學校輔導室和各縣市學生輔導諮商中心服務的人，需要配合學生輔導工作的三級預防提供服務。

兩個概念或模式的最大差異歸納如下：

1. 危機個案的分級不同，在心理衛生預防工作模式裡屬於次級預防，在學生輔導工作裡屬於三級預防。

2. 心理衛生預防工作模式裡不包括一般教師，因為一般教師不屬於心理衛生專業人員，即使是初級預防工作也是由心理衛生專業人員去服務，但是學生輔導工作模式包括一般教師，透過教師輔導知能訓練之後，期待一般教師可以提供初級預防的服務。

3. 心理衛生三級預防具有普遍的適用性，可以適用在一般疾病的預防，也適用在心理疾病的預防，可以適用在醫療院所、社區心理衛

生中心，也適用在一般學校。相對的，學生輔導工作三級預防的適用性只限於中小學。

十三 衛生所是心理師提供民眾心理衛生服務的最佳場所

臺灣早年所布建的基層衛生所，不僅遍及各鄉鎮，而且編制充足的人力，從事衛生保健、醫療照護和傳染病防疫工作，多年以來消滅傳染病、改善民眾健康成效卓著。自從實施全民健保之後，民眾就醫習慣逐漸調整，以前生病的時候會去衛生所看病，後來慢慢改為去醫院診所看病。因此，如何善用衛生所的空間和人力來服務民眾的心理衛生，便是一個值得研議的問題和關注的發展趨勢。

臺北市衛生局在宋晏仁局長任內，為了善用臺北市各個健康服務中心（原衛生所）的閒置空間，於是在每個行政區的健康服務中心開辦社區心理諮商門診，委託臺北市立聯合醫院松德院區臨床心理科承辦，由臺北市諮商心理師公會和臺北市臨床心理師公會協辦。臺北市健康服務中心開辦社區心理諮商門診之後，成效非常好，有興趣的讀者可以進一步參閱曾光佩、林惠蓉、王如、黃美月、黃春偉與陳喬琪（2007）所發表的〈臺北市社區心理諮商服務之滿意度調查〉報告。

由於臺北市招募臨床心理師和諮商心理師進駐各行政區健康服務中心，辦理社區心理諮商門診，民眾使用率很高，服務成效很好，臺灣各縣市政府衛生局便逐漸參考臺北市的經驗，在各縣市的鄉鎮衛生所辦理心理師駐點服務。因為民眾普遍反映良好，預計會持續辦理下去。

各縣市辦理社區心理諮商門診的規模都很小，主要原因是受限於經費和人力。我會建議衛生福利部以行政命令的方式，增列提供心理衛生直接

服務為各縣市基層衛生所的業務內容，並且得以衛生所的員額編制進用心理師。這樣的話，各縣市衛生所將可以聘用專任的心理師，提供民眾所需要的心理諮商服務、危機處理以及心理健康促進活動。

　　在不增加員額編制和組織單位的前提下，又要能夠滿足民眾日漸增加的心理健康需求，我覺得讓衛生所聘用專職心理師，來就近服務基層民眾，非常符合心理衛生服務社區化的原則，也就是民眾可以就近獲得免費或低收費的心理衛生服務。

第九章

實習心理師的訓練

一‧心理師的養成教育和專業發展

二‧諮商心理學碩士班研究生如何三年畢業？

三‧諮商心理學碩士班研究生實習前，

　　應修哪些先修課程？

四‧博士班研究生如何規劃臨床實習？

五‧從學生、實習生到心理師的身分轉化

六‧實習心理師的輪訓

七‧個案或受督者想要錄音，要如何處理？

八‧當諮商學習者成為你的個案時

九‧諮商與心理治療好書推薦

十‧一個學派治百病

 心理師的養成教育和專業發展

　　我認為完整的心理師訓練包括三個階段：心理學基礎課程訓練、諮商與臨床心理專業課程訓練，以及臨床實習與實務訓練。目前諮商心理師的養成教育和專業訓練，我覺得還有幾個需要加強的地方，第一個是心理學基礎課程訓練，第二個就是實務訓練，以下分別加以說明。

　　目前應考諮商心理學碩士班的資格並沒有限制大學主修科目，因此大約有一半的考生並非心理、諮商或輔導學系的畢業生，這些考生通常透過自修或補習，以便可以通過碩士班入學考試。為了協助那些想要成為諮商心理師的大學生，我會建議各大學可以提供心理輔系或學程、諮商輔導輔系或學程，讓這些考生可以選修。這種透過正規教育的方式，可以提升考生心理學理論的程度，有助於將來進入研究所學習專業課程。

　　心理學基礎課程訓練包括哪些科目呢？我建議可以包括下列科目：普通心理學、教育心理學、發展心理學、實驗心理學、心理測驗、社會心理學、人格心理學、輔導原理、變態心理學，合計學分數不少於 20 學分。

　　諮商與臨床心理專業課程訓練部分，我覺得目前的規範可以說是合理的，適合培養全科心理師。關於專科心理師的課程訓練，例如婚姻家庭諮商、司法心理衡鑑與治療、成癮防治、醫療諮商等，則屬於執照後或碩士後的訓練。

　　目前心理師的臨床訓練只有兼職實習和全職實習，我覺得還是不足，通過研究所碩士班的專業課程訓練和全職實習，雖然具有應考心理師的資格，但是要成為獨立執業的心理師，我覺得還是不夠。希望更多的教學醫院可以向財團法人醫院評鑑暨醫療品質策進會（簡稱醫策會）提出「二年期諮商心理師訓練計畫」，招訓執照後的諮商心理師。將來如果有這樣的

實務訓練機會，我建議通過執照考試之後，心理師最好參加教學醫院兩年的實務訓練。這方面的實務訓練，類似醫師的兩年住院醫師訓練，可以提供心理師進一步的臨床訓練和經驗。

完成兩年的實務訓練之後，有興趣的心理師可以進一步朝專科心理師發展並接受繼續教育，成為督導心理師、兒童心理師、成癮防治心理師、司法心理師、醫療諮商心理師，或者婚姻家庭心理師等。

諮商心理學碩士班研究生如何三年畢業？

目前完成諮商心理學碩士班，包括課程訓練、臨床實習和撰寫論文，需要至少三年半到四年半的時間。我認為大學非心理輔導本科系的學生，花四年的時間畢業，應屬合理的時間。對於大學念心理輔導科系的學生，除非研究生有加修教育學程，否則再花四年才讀完諮商心理學碩士班，我覺得時間明顯太長。

大學念心理輔導本科系的研究生，如何三年畢業呢？我建議他們一考進碩士班的時候，就要先找好指導教授，並且利用前兩年的時間修課和撰寫論文，最好在全職實習之前完成論文口試。修課和寫論文的性質相近，研究生可以選修有助於論文研究的課程，集中精神於修課、文獻探討、資料收集和論文撰寫。因為人在系上，容易和指導教授討論。

研究生如果順利在第二年完成碩士論文，那麼第三年進行全職實習，可以專心於臨床工作，並且把臨床的敏感度延伸到職場工作。臨床經驗不會因為論文研究而中斷。

研究生做論文研究和臨床實習，基本上使用不同的腦袋，面對不同的人群和場域，很難兼顧。現在多數研究生前兩年修課，第三年全職實習，

第四年撰寫論文，是因為全職實習期間幾乎把做論文的事放掉。第四年做論文的時候，幾乎從頭開始，用一年的時間做碩士論文，感覺有點浪費時間，等論文做完了，臨床經驗和技術也開始生鏽了。

三 諮商心理學碩士班研究生實習前，應修哪些先修課程？

目前諮商心理學研究所招生考試通常不會限定大學畢業科系，我對此開始有些擔心，這是因為研究所兩年的課程訓練是不夠的。因此，我建議諮商心理學研究所的招生考試，應增列應考資格包括心理與輔導本科系或輔系，或修習心理與輔導課程至少 20 學分。這個規定有助於學生就讀研究所時，具備足夠的心理學先備知識。

非心理與輔導科系畢業的考生，通常透過補習班的上課來增加考試的能力，這種針對考試、而非紮實心理學基礎的方式，所獲得的知識是不夠的。

諮商心理學研究生在兼職實習之前，我建議應該先修完諮商理論、諮商技術。在全職實習之前，應該先修完變態心理學和心理衡鑑。想去醫院實習的研究生，應該先修完健康心理學、精神藥物學和醫療諮商。想去學校和社區機構實習的研究生，最好先修完社區心理學或社區諮商、學校心理學或學校諮商。

我發現很多研究生會在實習之前，去選修很多名稱很吸引人的課程，包括某一特定理論的諮商學派、某一特定問題的心理諮商。我認為這些課程不適合做為全科心理師的課程訓練，比較適合執照後的專長訓練。有的研究生過早沉醉於某一特定治療學派的學習，或某一特定問題的治療方法

的學習，我認為這是不適當的課程安排。這樣的安排是研究生未能區分全科訓練和專科訓練的不同，誤把專科訓練的課程拿來當全科訓練。

博士班研究生如何規劃臨床實習？

就讀諮商心理學博士班的研究生，如果選擇去醫院實習，通常會有一些疑惑：不知道自己要用什麼身分、去醫院實習什麼的困惑。有些領有諮商心理師證書的研究生已經在碩士班期間完成全職諮商心理實習，等到博士班的時候，真的不清楚還可以實習什麼。

對於領有諮商心理師證書的研究生，我認為他們在實習醫院的身分位階可以比照住院醫師，在跟病人自我介紹的時候，可以說：「**我是某某心理師，就讀某某大學博士班，目前在本院接受臨床訓練。**」這樣的自我介紹比較符合事實。如果博士班研究生沒有諮商心理師證書，在向病人介紹自己時，可以說自己是實習心理師，不宜說自己是實習生，因為一般民眾會認為實習生是大學生或高職生。

在醫院，適合接受心理治療的精神科病人，按程度區分，依序是門診病人、日間留院病人、慢性病房病人，最後是急性住院病人。因此，在接受督導派案時，可以優先考慮以門診和日間病房的病人為心理治療的對象。

在病房實習時，實習心理師除熟悉病人，也要熟悉病人所在病房的醫療團隊、病人生活的環境和病友、親友，要與其他醫事人員協同合作照護病人。

精神病患者、藥癮患者，以及司法處遇的個案，都是高難度的病人，需要不同於一般心理治療的特別訓練和督導。

五 從學生、實習生到心理師的身分轉化

實習生從學生身分如何轉化到心理師身分，是個值得觀察和重視的現象，如何幫助實習生做此轉化是件很重要的督導工作。這是個將心理師的專業態度和角色內化的過程。實習生要學習使用專家的態度和角色去看待個案，也就是不能再像一般素人一樣去跟個案互動。

實習生同時是學習者和專業者，實習生不應忘記自己是專業人員，要以督導和資深心理師為角色楷模，透過觀摩學習是常見的學習方式。觀摩學習督導和資深心理師如何說話、如何待人接物、如何與個案應對進退、如何與同事互動，以及如何自我照顧等。

實習生應知道自己擁有很多助人的條件，包括專業知識、治療關係，以及旁觀者清的有利位置。因此，要先能安撫自己的焦慮，設法穩穩地坐在諮商室的椅子上和個案晤談，如此將可以從事有效的諮商工作。實習生很多時候需要盡可能地坐上專家的位置去跟個案工作，去跟個案的親友互動，以及去和同事、督導互動。

六 實習心理師的輪訓

現行諮商心理師的實習制度，存在著一個缺乏輪訓的缺點，例如多數諮商心理學研究生是在大學輔導中心全職實習，一年下來只接觸到大學生和研究生的族群，缺乏接觸兒童青少年和中老年人口的機會。這樣的實習缺點可以透過輪訓來改善。

培訓心理師的實習機構可以思考如何增加實習心理師的個案多元化，包括年齡、問題和場域的多元化。亦即，讓實習心理師有機會接觸不同年

齡層、不同問題類型，以及不同場域的個案。

　　規模比較大的實習機構，例如：教學醫院，可以安排實習心理師到不同的科別輪訓，規模比較小的實習機構，可以與不同性質的心理衛生機構合作，讓實習心理師可以有部分時間前往實習。缺乏輪訓的實習機構想要培訓全科心理師的目標比較難以達成。

　　我建議實習機構可以去和鄰近但不同場域的機構發展聯合訓練的模式，例如一家大學輔導中心和鄰近的一家醫院合作，讓實習心理師有機會進行跨機構、跨場域的實習，如此將可以增加實習訓練的豐富性。

　　諮商心理學研究生可以思考另外一種輪訓的方式，例如碩二兼職實習去醫院，碩三全職實習去大學輔導中心，也就是以兩年的時間進行兩類場域的實習訓練。

　　當然，實習心理師也可以考慮在取得執照之後，參加諮商心理師兩年的實務訓練，特別是那些在醫院缺乏輪訓機會的諮商心理師。經歷學校、社區和醫院三類型機構輪訓的諮商心理師，最能擁有獨立執業的能力，成為有效能的全科心理師。

七　個案或受督者想要錄音，要如何處理？

　　心理師遇到個案想要錄音，或督導遇到受督者想要錄音時，我認為原則上應予婉拒。當對方提出這個要求時，我們可以先探討個案或受督者的想法和動機，詢問對方為什麼會想要錄音？聽完對方想要錄音的想法和動機之後，我們再評估它的適當性。

　　我們都知道在有錄音的環境下，說話比較會有所顧忌，因此我們可以告訴對方，在有錄音的情況下，會妨礙雙方晤談的深度、隱私的揭露，以

及影響諮商晤談或督導的效果。

如果對方想要錄音的目的是希望可以在晤談之後反覆去聽,我們可以告訴對方,晤談之後個案或受督者通常沒有時間去聽錄音檔。我們不希望個案或受督者錄音的原因之一,是有無法保密的風險,只要有錄音檔的存在,我們會擔心錄音檔被無關的第三者拿去做不利於雙方的事情。個案或受督者持有錄音,會對心理師或督導造成長期的不安。

因此,在充分處理個案或受督者想法和動機之後,我們最後還是堅持不錄音。

八 當諮商學習者成為你的個案時

有些個案是諮商學習者,他們因為修課做作業的原因,或者因為自己遭遇到心理困擾,或者因為個人議題妨礙諮商實習,而來求助心理諮商,這個時候,心理師到底要用什麼樣的態度來協助他們呢?有些心理師不喜歡諮商這類的個案,覺得他們不是真正想要心理諮商,甚至會刻意縮短他們的諮商次數。有些大學輔導中心甚至表明,不接受諮商學習者因為做作業而去心理諮商。

我認為不論諮商學習者是因為什麼原因來諮商,我們都要表示歡迎,不要刻意去排斥他們,即使是來做作業或體驗諮商的學生,我們都要加以同理和接納。對於來做作業或體驗諮商的學生,我們可以給予晤談次數的限制,例如六次。對於有真正心理困擾或個人議題的學生,我們要根據臨床的專業判斷,提供個案所需要的心理諮商。

當個案是諮商學習者時,我們最好把他們當作一般個案來看待,如果在諮商過程時,我們感覺到他們是用諮商學習者的角色來參與會談,便要

提醒他們盡量以個案的角色來接受心理諮商，放棄諮商學習者的角色，這樣他們才有可能充分參與心理諮商，並且獲得心理諮商最大的幫助。

接受心理諮商時，想要同時扮演個案和諮商學習者，一定會落得兩頭空，也會感覺很混亂。接納這類學生，提供所需要的諮商，以及提醒他們好好當個案，才是比較好的處理方式。

九 諮商與心理治療好書推薦

心理諮商新手求知若渴，總是會向資深的心理師詢問應該看什麼書，在這裡我想分享兩份書單，一份是研究生推薦的，共有五本書，一份是我推薦的，共有五本書，其中有一本是重複推薦的。這九本書的書名、作者和出版資訊，詳如表 9-1（參見第 146 頁）所示。

105 學年度第一學期，我請選修全職實習課程的碩三同學，一共 22 名，請他們推薦自己認為的好書一至三本給同學，結果在 22 位同學當中，有 8 位推薦《人際歷程取向治療》一書。推薦的理由是：

1. 每讀一次都會感動一次的前言，以及書中有深入探討關係中的互動與概念化。

2. 對關係的建立、個案概念化和諮商歷程的拿捏都很有幫助。

3. 在諮商關係的理解和介入上很有幫助，並有很多對話的例子。

4. 若想了解諮商關係發生什麼事，書中提供了一個概念架構能幫忙你釐清、看見關係所反映出來的個案的人際模式，以及可以如何回應個案的示範。

5. 內容淺顯易懂，讀起來會有十分貼切的感受。在前幾章有提到新手諮商師的狀況覺得很有共鳴，且有實際對話的例子，可以應用至諮

商關係中。

6. 對於個案概念化很有幫助。

在 22 位全職實習心理師當中，有 6 位推薦《生命的禮物》一書，推薦理由如下：

1. 在晤談的過程中，透過本書去整理自己，給自己提醒和沉澱，讓自己不會迷失在忙碌的生活和充滿不確定的諮商中。

2. 實習的時候，會和自己接案的經驗有很多連結和共鳴，是很好的提醒。

3. Yalom 分享自己在接案中的經驗與想法，有時候會覺得和自己的實務工作狀況很有共鳴。書中並提供一些向度或經驗可以思考，像是諮商師給個案建議後的影響狀況，透過個別不同的案例做分享。

上述 22 位實習心理師當中，同時有兩個人推薦的書有三本，分別是：《諮商與心理治療進階》、《成為一個人》，以及《當下，與情緒相遇》。

推薦《諮商與心理治療進階》的理由是：

1. 有時候接案到中間卡住時，回頭來看看，會提醒我們一些以為自己知道，但其實忘記，卻又是在諮商裡必須要考慮的實情。

2. 很淺顯易懂的提醒在接案的我們關於諮商室內外的事情，有複習所學和加深印象的感覺。

推薦《成為一個人》的理由：

1. 細細品嘗關於 Rogers 對人的觀點，以及回歸對人的相信與力量。

2. 回歸諮商本質，思考自己如何看待人、關係和自己。

推薦《當下，與情緒相遇》的理由：

1. 提醒我們身為一名助人工作者，要照顧個案的同時，也需要留意與
   照顧自己的情緒狀態，也對情緒有更深的認識與理解。

2. 讀完後可了解情緒的結構與功能，和如何讓個案從情緒中覺察到自
   己的需求，還有作者自身情緒經歷和諮商工作交織而生的反思。最
   讓我動容的是從老師的文字、語感中，讀到老師對情緒有一種很深
   的包容和願意理解的態度。

其餘的書都是只有一個人推薦，因此我就不列出書名了。總結上述的
推薦書單活動，同時有兩個或以上的實習心理師推薦的書便是上述的五
本，提供給讀者參考。

過去 30 年，我自己撰寫的書加上和其他人合作撰寫的書，總計將近
20 本，如果受督者問我這麼多本書當中，要推薦哪幾本給他們，我會推
薦下列五本：《心理治療實務》、《諮商與心理治療進階》、《心理師執業
之路》、《諮商專業倫理》，以及本書。我在課堂上，有時候會跟學生說：
「這五本書是老師 30 年諮商與心理治療經驗的精華，是不傳之祕喔，你
們要好好閱讀呀！」

表 9-1 諮商與心理治療好書推薦

吳麗娟、蔡秀玲、杜淑芬、方格正、陳品惠（譯）（2012）。**人際歷程取向治療：整合模式**（原作者：E. Teyber & F. H. McClure）。臺北市：雙葉書廊。

易之新（譯）（2002）。**生命的禮物：給心理治療師的 85 則備忘錄**（原作者：I. D. Yalom）。臺北市：心靈工坊。

宋文里（譯）（2014）。**成為一個人：一個治療者對心理治療的觀點**（原作者：C. Rogers）。臺北市：左岸文化。

曹中瑋（2013）。**當下，與情緒相遇：諮商心理師的情緒理解與自我生命歷程**。臺北市：張老師文化。

林家興、王麗文（2000）。**心理治療實務**。新北市：心理。

林家興、王麗文（2003）。**諮商與心理治療進階：心理分析取向的實務指南**。新北市：心理。

林家興（2009）。**心理師執業之路**（第二版）。新北市：心理。

林家興（2014）。**諮商專業倫理：臨床應用與案例分析**。新北市：心理。

林家興（2017）。**諮商督導的臨床筆記**。新北市：心理。

一個學派治百病

在學習諮商與心理治療的過程中，心理師經常被問到：你的諮商學派或理論取向是哪一個？實習心理師被問到的時候，總是不知道如何回答。從事諮商與心理治療的時候，一定要有理論依據，但是要依據哪一個理論呢？這也是許多實習心理師的困惑，難道不能夠多學幾個學派，以備不時之需嗎？在我提供個人的建議之前，我想說一下臺灣諮商心理師的理論取向是哪些。

我曾發表一篇有關臺灣諮商心理師執業現況的期刊論文（林家興，2014），根據問卷調查的結果，填答問卷的諮商心理師有 303 人，問卷中

列出的 12 種理論取向當中，只有 5 種被超過一成的諮商心理師勾選為主
要理論取向，依序是：折衷或整合學派（24.4％）；心理分析或心理動力
學派（13.6％）；個人中心學派（12.5％）；認知、認知行為或理情治療學
派（12.5％）；以及焦點解決短期治療學派（12.2％）。

上述問卷調查結果，可以提供給實習心理師作為選擇理論取向的參
考，也就是說，實習心理師可以先從心理分析、認知行為、個人中心，以
及焦點解決這四種理論取向當中做選擇。這份調查資料有助於把理論取向
的選項從十幾種縮減為四種，這樣選擇起來就容易很多了。

接下來我想說說我的看法。我覺得從事諮商與心理治療工作，的確需
要有理論依據，至於需要幾個理論依據呢？我認為其實一個就足夠了，也
就是一個學派治百病的觀點。如果一個理論取向不夠，頂多再增加一個理
論取向就可以了。每個人的時間都很有限，不可能花時間去精熟很多理論
取向，心理師如果能夠精熟一或兩個理論取向，我覺得就已經足夠了。

以我個人的學習經歷為例，在取得美國執照之前，我選擇認知行為作
為我的理論取向，從事諮商與心理治療幾年之後，開始接受心理分析治療
法的訓練。因此，我的主要理論取向是心理分析，次要理論取向是認知行
為。接受我督導的受督者，我通常也會鼓勵他們學習心理分析和認知行
為。

我認為好的理論取向，不僅可以用在個別諮商，也可以用在婚姻與家
庭諮商、團體諮商；可以用在短期諮商，也可以用在長期諮商。自稱為某
一理論取向的心理師，通常會閱讀這個理論取向的代表著作，會參加這個
理論取向的工作坊，會應用這個理論取向在實務工作中，也會接受這個理
論取向資深心理師的督導，甚至也會在日常生活和實務工作中實踐這個理
論取向的精神和態度。

諮商督導
的臨床筆記

第十章

實習心理師與督導

一‧誰是實習心理師的督導？

二‧受督者一定要告知督導的事情

三‧實習心理師要聽學校教授還是機構督導的話？

四‧給受督者的提醒

五‧如何安排實習機構？

六‧為何心理諮商所不適合作為實習場所？

七‧機構如何建立督導制度？

八‧逐字稿、回憶稿和錄音檔的使用時機

九‧鼓勵受督者擔任個案研討提案人

十‧個案研討時，提案人要報告什麼？

十一‧電話諮詢和電話追蹤可否採計為
　　　直接心理諮商服務時數？

 誰是實習心理師的督導？

自從帶碩三諮商實習課程以來，每年都會有研究生問，實習計畫書和實習時數表上的督導簽名欄，是由誰簽名？行政督導、專業督導，還是主任？督導一定是諮商心理師嗎？精神科醫師和臨床心理師是否可以擔任督導？督導一定要是合格督導嗎？合格督導怎麼認定？這一連串的問題凸顯了心理師實習制度的若干問題。

諮商心理實習證明書應該由誰簽證，在過去幾年隨著證明書格式的修訂而有了不同的簽證人，也反映諮商心理師教育工作者的思維變化。第一版的證明書（適用於 2012 年以前）只要求督導簽名，但是對於誰是督導並沒有硬性規定，當時誰擔任實習心理師的督導，即可在證明書上簽證，包括精神科醫師、臨床心理師和諮商心理師。

第二版的證明書（2012 年以後適用）將督導簽名的欄位加註為諮商心理師，從此以後，是否完成全職實習的證明只能由諮商心理師簽證。根據《心理師法施行細則》，擔任碩三實習心理師的督導必須是具備兩年執業經驗的諮商心理師。因此，簽證實習證明書的督導一定是諮商心理師。

對於誰可以簽證實習證明書的看法，可以有不同的解釋空間，從嚴的解釋是，簽證人一定要是實習機構內直接提供個別督導的專／兼任諮商心理師；從寬的解釋是簽證人只要是諮商心理師即可，最好是實習機構內的專／兼任諮商心理師，由他來證明實習心理師在該機構實習期間完成直接服務 360 小時，以及接受個別督導 50 小時。採用這種解釋的好處是實習心理師可以同時接受不同專長背景的心理師和醫師的督導，這些被其他心理師和醫師個別督導的時數都可以採認。

諮商心理師實習制度隨著學校、醫院和社區機構逐年增聘專任諮商心

理師擔任實習心理師的督導之後，例如等到八成以上的實習機構的實習心
理師是由專任諮商心理師擔任督導的時候，證明書的督導簽證人就可以採
用從嚴解釋了。目前如果從嚴解釋，將會導致很多實習機構沒有合格督導
簽證的問題，也會導致無法招訓實習心理師的困擾。

在大學輔導中心實習的實習心理師，通常會有兩位督導，一位是專業
督導，另一位是行政督導。專業督導協助實習心理師處理接案的問題，行
政督導協助實習心理師處理心理衛生預防推廣和輔導行政的問題。研究生
常問我，他們被行政督導的時數是否可以採計在 50 小時之內。我認為只
要提供個別行政督導的人符合《心理師法施行細則》所規定的資格，是具
有執業兩年以上經驗的諮商心理師，他們提供的個別行政督導就可以採
計。

心理師實習制度的建立，歷經多年仍然未臻完善。在三類實習機構
中，大學輔導中心比較上軌道，實習心理師通常可以獲得資深心理師的督
導。社區機構和醫療機構則存在著缺乏資深諮商心理師的問題。

在理想上，實習心理師應由資深諮商心理師督導，但是在醫療機構實
習的心理師，往往只能得到精神科醫師的督導，臨床心理師受到公會的壓
力，不願意來督導諮商心理實習生。實習心理師由精神科醫師督導，只能
算是妥協的作法。實習心理師完全由精神科醫師督導是有問題的，嚴重的
影響實習心理師的專業認同。目前在醫院實習的心理師，需要另外找一位
資深的諮商心理師作為督導。實習心理師如果能夠得到資深諮商心理師的
個別督導，每週一次，每次至少一小時，則是比較適當的安排。

實習心理師由精神科醫師或臨床心理師或精神社工師督導，並不是不
可以，只是不適合作為全職實習階段的主要和唯一督導。當實習心理師有
了一位主要的諮商心理師作為個督，每週至少一小時之外，機構可以安排

其他專業人員擔任實習心理師的次要督導，協助實習心理師增加其他專業領域的臨床經驗和訓練，這也是滿好的安排。

部分機構聘請兼任諮商心理師擔任全職實習心理師的督導，我認為也是妥協的作法，機構安排機構內全職的資深諮商心理師擔任實習心理師的督導，才是正規和可長可久的作法。

二 受督者一定要告知督導的事情

新手心理師，特別是在督導下執業的實習心理師，必須知道有些事情一定要告知督導，並尋求督導的支持和協助。接受每週定期督導的實習心理師，不論是機構內還是機構外的督導，一定要有告知督導臨床重要事件的認知。

當發生個案自殺，不論是否死亡，一定要告知督導。當個案發生嚴重的精神病發病，要告知督導。當個案遭受嚴重性侵害或家庭暴力，一定要告知督導。除了個案發生危機事件要告訴督導，實習心理師做出違反專業倫理或法規、或臨床重大失誤，也要主動告知督導。

任何個案發生嚴重的臨床事件，會讓你憂心忡忡，寢食難安，那就是很好的指標，提醒你要告知督導，並尋求督導的支持和協助。個案發生嚴重的臨床事件，也是我們從臨床經驗學習的最好機會。實習心理師遇到個案發生嚴重臨床事件，不告知督導，獨自承受壓力，不僅有害自己的健康，也不利於個案的福祉，而且會失去臨床學習的難得機會。

告知督導需要勇氣，即使受到批評和責備，卻是值得的。第一時間告知督導比日後被發現更好。多數督導得知實習心理師遭遇臨床挑戰，遇到棘手的個案，都會盡力協助共度難關，實習心理師一定要學習信任督導，

把督導當作自己的後盾和資源，才能夠面對爾後更多的臨床挑戰。

三 實習心理師要聽學校教授還是機構督導的話？

有部分實習心理師到機構實習，卻不願意配合機構督導的指導，這是令人錯愕的事情。實習心理師在學校所學的一切專業知識和技能，到了實習現場，通常會遭遇理論與實務之間的落差，這個時候，機構督導的指導變得非常重要。

例如有一位實習心理師要進行團體輔導的實習，於是先撰寫團體輔導計畫書交給機構督導，督導看了之後，認為需要把針對一般人所設計的團體方案，修改為針對精神病患者的團體方案。可是這位實習心理師卻非常抗拒，認為學校老師教的才是正確的，導致機構督導非常不高興，甚至說出，如果你不願意修改，那你就不要帶我們機構的團體了。

實習心理師在學校學習當然要聽老師的，可是在機構實習的時候，最好還是聽機構督導的指導。當學校老師和機構督導有不同甚至相反的要求或期待時，這是實習心理師最佳的學習機會，可以學習在多元觀點和灰色地帶中做判斷。因為機構督導要對病人或個案負責，也比學校老師了解病人的需求和問題，更何況機構是專業服務病人的地方，督導有豐富的臨床經驗，值得實習心理師多加效法學習。

四 給受督者的提醒

在臺灣師大心輔系擔任碩三實習課程的講師期間，我會提醒研究生如何與督導相處，以及對督導應有的期望與態度。我的提醒如下：

1. 督導心理師是受督者學習的楷模，督導心理師在機構所作所為，都是受督者要學習的範圍。

2. 作為全科實習的受督者，對於要學習什麼和做什麼，不宜堅持己見，建議遵循督導的建議。

3. 當督導心理師和受督者的學派和理論取向不同時，受督者應該暫時放下自己的學派和理論取向，學習督導的學派和理論取向。

4. 接受督導時，避免毫無準備的去見督導，最好準備錄音檔或晤談回憶稿。受督者準備愈具體的材料，督導愈能夠提供具體的回饋和建議。

5. 在精神科實習的受督者，除了學習諮商與心理治療，也要擴大學習範圍，向精神科醫師和其他醫事人員，學習心理疾病的診斷、心理衡鑑、藥物治療、職能治療，以及精神護理。

6. 當受督者和督導心理師有溝通或信任的問題時，要盡早向督導提出，尋求改善和解決。如果自己無法解決時，要盡早向實習課程教師反映和求助，不建議忍耐到實習結束。

7. 受督者要檢視自己是否有下列的人格特質，並且設法節制自己的情緒和個性：期待督導的安慰和疼惜；經常鉅細靡遺的問問題；要求督導給一個確切的建議或答案；期待督導照顧自己的需求；過度害怕權威以至於無法自在的和督導討論事情；過度在乎督導的表情、一言一行，以及考核。

8. 少抱怨實習機構／督導的不足，多學習實習機構／督導的長處和優勢。

9. 全職實習除了學習諮商心理專業，也要學習職場的人際關係和做人處事的方法，學習和督導以及同儕保持友善而互惠的關係。

10. 全職實習是將受督者從素人轉變成專家，從學生轉變成心理師的

過程，因此要注意自己的角色和身分的轉變，慢慢培養自己成為
一位穩重心理師的樣子。

11. 對於實習機構和督導提供難得的全職實習機會，受督者要學習說
感恩的話，對機構和督導表示感謝之意。

12. 歡迎受督者利用返校座談時，提出實習相關問題以及與督導相處
困難的問題，大家集思廣益，一起想辦法解決。

 如何安排實習機構？

諮商心理學碩士班研究生在學期間通常會修習兼職和全職實習課。實
習機構一般分為學校機構、醫療機構和社區機構，研究生在選擇實習機構
的時候，我會建議盡可能包括三類機構的實習機會。可行的安排是兼職實
習去一種場域，全職實習時去另一種場域。研究生在畢業前，若有機會到
至少兩種場域去實習，將可以豐富其臨床訓練的內容和經驗。

即使立志當輔導老師或學校心理師，我也會建議這些研究生有機會應
該去醫療機構或社區機構實習，以開拓其心理師的視野，並且了解社區和醫
療機構的資源。對於立志當醫院心理師的研究生，我的建議則是實習經驗應
該包括門診和住院部的實習，以及精神科和綜合醫院非精神科的實習經驗。

我認為中小學很難訓練出專業的心理師，特別是獨立執業的訓練。這
是因為一般中小學的輔導室，是屬於行政性質而非專業性質的單位，輔導
主任和心理師必須聽命於校長和教育主管機關，很難不受干擾的獨立從事
接案評估、諮商處遇及個案管理。我認為一位諮商心理師的實習場域，如
果全部都在中小學，將會是不完全的。諮商心理師的專業訓練最好在獨立
的諮商中心，以便可以從資深心理師那裡獲得楷模的觀摩學習，有機會觀

麼學習一個諮商心理師如何獨立執業，而無須妥協於中小學的科層制度。

為何心理諮商所不適合作為實習場所？

有些研究生想去心理諮商所全職實習，我都會規勸他們不要去，除非這是一家規模夠大的心理諮商所。所謂規模夠大，是指聘有專任諮商心理師至少三人，每週每位實習心理師個案量至少七人，問題是臺灣絕大多數的心理諮商所，無法提供足夠的個別督導和個案量。

我認為心理諮商所由於規模太小，不適合作為實習機構的原因如下：

1. 機構的空間很小，很多只有 30 坪或更小的空間。理想的實習機構的空間至少要 100 坪。空間太小的機構顯示其個案量也會不足。

2. 機構的專職人力很少，多數只有一位專任諮商心理師，亦即個人工作室型態的心理諮商所。專職心理師少代表業務量很小、不穩定，並無法提供個別督導和訓練課程。

3. 缺乏實習心理師同儕。這些心理諮商所由於個案量不足，不可能招募兩人以上的實習心理師。如果實習機構只招募一名實習心理師，那麼他會很孤單，缺乏同儕的支持和討論。

4. 最嚴重的問題是個案量不足。心理諮商所屬於營利機構，負責心理師比較不願意把付費的個案派給實習心理師。長期下來，實習心理師淪為心理諮商所的行政人員，成為機構或負責人的行政助理，很難從接案中獲得大量的臨床訓練。

5. 心理諮商所由於規模太小，不可能定期辦理個案研討會、團體督導或課程訓練，而且也很少有機會接觸心理衡鑑、個案管理和危機處理的臨床業務。

機構如何建立督導制度？

任何心理諮商或心理衛生機構都應該建立督導制度。機構或單位主管的背景若是心理師，那麼機構或單位主管便可以督導資深心理師，然後資深心理師可以督導下一級的資淺或實習心理師。

如果機構或單位主管不是心理師背景，那麼機構主管可以指定一名資深心理師擔任督導心理師，由他去督導其他資深心理師，再由資深心理師督導下一級的資淺和實習心理師。

心理諮商機構中只要有接案的實習和專任心理師，都應該接受個別督導，每週一次，每次一小時。至於兼任心理師的督導問題，心理諮商機構最好聘請資深的心理師擔任兼任心理師，這些資深心理師可以獨立執業，比較沒有督導的需求。如果聘請資淺的心理師擔任兼任心理師，為維持服務品質，諮商機構最好提供個別或團體督導給他們。

心理諮商或心理衛生機構如果聘任其他工作人員，例如社工師、輔導老師或個案管理員等，也可以比照心理師納入督導制度，亦即從事臨床服務工作的每個人，都有一位督導來協助他並考核他。

督導制度的建立不需要額外花錢，也沒有編列督導費的問題，因為諮商機構提供機構內免費督導，是機構、個案和心理師三贏的最佳品質管理的策略和制度。

逐字稿、回憶稿和錄音檔的使用時機

督導的時候，受督者會問督導是否要特別準備什麼材料，多數督導會要求受督者準備某一種督導材料。常用的督導材料有四種：口頭報告、逐

字稿、回憶稿以及錄音檔。這四種督導材料，要說哪一種比較好，其實很難說，各有各的優缺點和使用時機，說明如下。

口頭報告的優點是受督者不需要特別的準備，缺點是內容比較沒系統、不具體，對於忙碌或者口頭報告能力比較好的受督者，或許還可以使用。實習心理師使用口頭報告接受督導，我覺得比較不足，實習心理師最好能夠提供更詳細的晤談材料，讓督導可以更具體而有效的幫助他。

逐字稿的優點是可以清楚的呈現受督者和個案諮商晤談的用詞遣字和互動過程，缺點是準備逐字稿太花時間，以及無法聽到受督者和個案對話的聲音。我認為逐字稿比較適用在心理諮商的初學者，例如選修諮商技術或第一年選修諮商實習的大學生或研究生，使用逐字稿可以幫助諮商實習生覺察自己和個案晤談的用詞遣字和各種諮商技巧的使用是否適當。對於忙碌的碩三實習心理師或一般心理師，使用逐字稿比較難以達成訓練目標。以諮商技巧為訓練目標的受督者，可以使用逐字稿，而以諮商關係、諮商架構、諮商歷程和個案概念化為訓練目標的受督者，使用逐字稿就會顯得不適用了。

錄音檔的優點是可以呈現受督者和個案諮商晤談的實際內容和聲音，而且不需要花時間另外謄寫，諮商前徵求個案同意即可錄製。督導前受督者先聽過一遍，選擇想要請督導幫忙指導的段落。錄音檔的缺點是：需要機構督導和個案的同意，以及錄音會讓晤談雙方感覺談話不自在。不過在這四種督導材料中，我覺得錄音檔比較適合做為督導材料。

回憶稿的優點是可以在不干擾諮商晤談的情況下，呈現受督者和個案的部分對話內容，缺點是受督者需要在諮商晤談之後立即留下一小時，製作回憶稿。從事付費諮商的，或遵循精神分析取向的心理師，在不方便取得個案的同意進行錄音時，可以採用回憶稿的方式接受督導。

　　以諮商關係、諮商架構、諮商歷程和個案概念化為訓練目標的時候，採用上述督導材料可能還是不夠。督導可以安排受督者以個案研討的方式準備個案報告，或者鼓勵受督者在個案研討會擔任提案人，讓受督者有機會可以比較完整的呈現個案的評估和諮商歷程，以及個案概念化。這種以提案方式和完整的個案報告作為督導材料，也是受督者專業學習最好的方式。

鼓勵受督者擔任個案研討提案人

　　要幫助實習心理師成為有效能的專家，督導可以鼓勵受督者擔任個案研討會的提案人。對於機構沒有定期辦理個案研討會的實習心理師，我建議督導可以自己辦理，除了以個別督導的方式實施，也可以以小團體督導的方式實施。例如一位帶兩名碩三實習心理師的督導，平常每週分別提供一小時的個別督導，個別督導時，可以請受督者準備錄音檔或回憶稿。為了訓練受督者能夠進行完整的個案評估和諮商歷程與概念化，督導可以每學期安排兩次團體督導或個案研討，讓兩位實習心理師一起參加，並輪流擔任個案研討提案人。在團督的時候，提案人要準備完整的個案報告書面資料，在督導和實習夥伴面前進行個案報告，並接受督導和夥伴的回饋和建議。

　　大家都有類似的經驗，參加個案研討會受惠最多的人，一定是提案人。我認為每個實習機構為了訓練實習心理師和建立內部諮商品質管控，應該定期辦理個案研討會，並要求每位專／兼任心理師和實習心理師輪流提案報告。組織規模比較大的實習機構可以自行辦理個案研討會，組織規模比較小的實習機構，可以和其他機構聯合辦理個案研討會。

　　一位督導如果發現自己的受督者，例如碩二和碩三實習心理師，在一整年的訓練期間沒有機會擔任個案研討會的提案人，我建議督導可以自己辦理，來增加受督者這方面的訓練。

✛ 個案研討時，提案人要報告什麼？

　　第一次輪到個案研討會提案人的諮商新手，有時候會不知道個案報告要報告什麼，有時候會問我是否要使用特定的格式。其實，個案報告的內容會因為執業場所不同而有差異，例如在學校諮商中心使用的格式和內容，可能和在醫院或社區機構使用的格式和內容不同。此外，個案報告格式和內容也會因為使用目的而有不同，例如是為了個別督導使用的，還是為了機構員工訓練使用的。

　　我們可以說，個案研討會提案人要報告的個案內容並沒有一定的格式或項目，通常跟單位主管或督導的理論取向和訓練重點有關。實習心理師通常不會是第一個提案的人，可以先觀摩資深心理師的個案報告格式和內容，然後有樣學樣即可。如果實習機構有統一的個案報告格式，也可以參考使用。如果實習機構沒有統一的格式，實習心理師可以詢問督導是否有固定使用或推薦的個案報告格式。

　　我因為擔任督導多年的關係，有自己喜歡的個案報告格式，詳如表10-1（參見第 162 頁）所示，讀者可以參考使用。我認為個案報告的內容最好可以包括下列項目：

　　1.基本資料

　　2.接案緣起

　　3.問題陳述

4. 成長背景

5. 健康與心理健康史

6. 心理健康檢查

7. 動力分析

8. 評估診斷

9. 處遇計畫

10. 處理經過

11. 成效評估

12. 問題討論

在個案研討會的場合，我也看過有的提案人會自行增減或替換下列的
項目：

1. 與諮商的接觸（或過去的諮商經驗）

2. 主訴問題與發展史

3. 家庭背景

4. 個案特質分析

5. 案主對困擾的因應

6. 個案問題概念化

7. 環境因素評估

8. 諮商目標

9. 治療計畫

10. 諮商歷程

11. 關係評估

12. 我的需要

表 10-1　個案報告格式

個案報告

報告人：＿＿＿＿＿＿＿＿

報告日期：＿＿＿＿＿＿＿＿

一、個案基本資料
　　（一）個案資料（年齡、性別）
　　（二）學校或工作資料

二、個案來源與轉介原因（自行約談或是轉介）

三、主訴問題
　　（一）主訴或問題描述
　　（二）求助動機
　　（三）自我覺察程度

四、問題評估與了解
　　（一）個人生活狀態（問題如何干擾生活功能）
　　（二）個人優、弱點，個人特質
　　（三）生長史與特殊事件
　　（四）家庭關係
　　（五）醫療史（如：是否轉介精神科醫生、藥物治療、心理測驗等）
　　（六）其他重要訊息

五、個案概念化
　　（一）個案問題之來龍去脈分析（包括目前的問題、促發因素、問題形成
　　　　　的背景、案主的因應等）
　　（二）問題處理之正向與負向因素分析（包括案主的內在資源與外在支持
　　　　　系統）
　　（三）案主問題的評估與診斷

六、諮商目標與計畫

七、諮商過程與重要議題

八、此次個案研討的議題

個案報告提案人也可以有自己的想法和考量，包括自己想要呈現的重點；自己的理論取向；不同個案可以有不同的呈現方式，例如甲個案可以詳細的報告主訴問題、行為症狀、疾病史，以及區別診斷等，乙個案可以詳細的報告諮商的歷程；以及個案在諮商歷程中的變化，諮商關係與主訴問題的改變過程等。

電話諮詢和電話追蹤可否採計為直接心理諮商服務時數？

每一年都會有實習心理師問我，電話諮詢或電話追蹤是否可以採計為直接心理諮商服務時數。詢問這個問題的人，包括在大學諮商中心、社區諮商機構，以及自殺防治中心實習的心理師。

在大學諮商中心的實習心理師，每週要打電話追蹤心理衛生篩檢出來的高風險個案，這樣的電話追蹤時數是否採計為心理諮商時數？在社區諮商機構，例如張老師等，設有電話諮詢專線或安心專線，實習心理師每週會有幾個時段從事電話諮詢服務，這些時數可以採計為心理諮商嗎？在自殺防治中心實習的心理師每週會花時間在電話關懷自殺高風險的個案，這些時數可以採計為心理諮商嗎？

我不知道別的實習課程老師和機構督導會如何回答這個問題，我自己是這樣回答實習心理師的：原則上可以採計，但是時數不能太多。然而，什麼是太多呢？我覺得電話諮詢或電話追蹤的時數如果超過全部心理諮商時數的三分之一就是太多。對於心理諮商時數足夠的實習心理師，我會建議他們不要採計電話諮詢時數。對於心理諮商時數不夠的實習心理師，我會同意他們至多採計心理諮商時數的三成。

　　為什麼我會採取有限度的採計呢？主要原因是我認為面對面心理諮商才是心理師主要的工作方式，也是主要的培訓方式，過度倚賴電話諮詢的實習方式，難以培養具備面對面諮商能力的心理師。我的思考邏輯和心理師不能完全由精神科醫師或社工師訓練是一樣的，精神科醫師和社工師可以督導心理師，但是督導時數不能超過心理師督導的時數。心理師完全由精神科醫師或社工師訓練與督導，容易發生專業認同的問題。

　　既然大學諮商中心心理師的工作內容包括高關懷個案的電話追蹤，社區諮商機構的心理師的工作內容包括電話諮詢，自殺防治中心心理師的工作內容包括自殺高風險個案的電話關懷，在這些機構實習的心理師，自然也會參與這些工作項目的實習，因此我覺得採計這些時數為心理諮商並無不可，但是採計還是要有一個限度，這也是為了保護實習心理師可以花更多時間在面對面的心理諮商工作。

第十一章

行動心理師與
私人開業

一‧什麼時候適合去開業或當行動心理師？

二‧如何建立案量

三‧辦公室的設置

四‧如何定價

五‧不支付治療帳單的個案

六‧我的收費會破壞行情嗎？

七‧與個案的電話聯繫

八‧開業初期提升知名度、又可以做公益的方式

九‧借重他人的執業經驗

十‧心理師如何幫助個案？

 什麼時候適合去開業或當行動心理師？

如果你問我，什麼時候適合去開業或者辭掉全職去當行動心理師（freelance psychologist），根據我個人的經驗和長期的觀察，我的建議是心理師取得證書之後，經過 3 至 5 年全職的臨床工作和實務訓練之後，比較適合。

心理師在剛考上執照之時，不適合去當行動心理師，因為臨床訓練和經驗都不夠。開業或行動心理師通常要獨立執業，處理各種個案問題，若是沒有在教學級的諮商機構或醫院，如同住院醫師一般的接受三年的訓練，心理師很難獨當一面，處理各種臨床狀況。

目前醫策會雖然訂定諮商心理師兩年實務訓練計畫，但是符合條件可以招訓諮商心理師的教學醫院寥寥無幾。雖然諮商心理師在執業兩年之後，就可以申請開業，我覺得在執業年資上還是有所不足。

想像一下，開業心理師和行動心理師的個案從哪裡來？如果沒有一定的知名度和良好的轉介關係，個案是不會上門的。即使有了個案，一位心理師如果沒有在學校、社區和醫院三種場域有臨床訓練或工作經驗，是否能夠對個案進行問題評估、心理診斷和需求評估，以及是否具備足夠的臨床能力提供處遇？

我會建議想開業或想當行動心理師的人，最好先在教學級的大學諮商中心、社區機構或醫院，以專任方式工作 3 至 5 年，一方面持續發展自己的臨床能力和經驗，二方面累積知名度和個人資源。如同一般醫師，在取得醫師證書後，先在教學醫院擔任住院醫師 3 年，取得主治醫師和專科醫師資格後，繼續在教學醫院執業若干年，等到 5 至 10 年，累積足夠的個案量、知名度和臨床經驗後，再出來開業。

 如何建立案量

1. 讓你的同事、同行知道你有在接案，並歡迎他們轉介個案。

2. 讓你的老師、同學、督導知道你有在接案，並歡迎他們轉介個案。

3. 讓你認識的專業人員，如醫師、律師、會計師、社工師等，知道你有在接個案，並歡迎他們轉介個案。

4. 擔任心理衛生預防推廣的講師，讓民眾透過聽演講認識你。

5. 撰寫心理衛生相關主題的文章或書籍，讓民眾透過閱讀認識你。

6. 以支援報備的方式在其他機構擔任兼職心理師，讓更多的個案認識你，願意推薦他們的親友來看你。

三 辦公室的設置

為了要讓晤談辦公室可以傳遞給個案「這裡是一個安全的庇護所」，心理師在設置晤談室時，要考慮到以下幾點（Dullea, 1983）：

1. 晤談室要有光線、植物、魚，以及空間，這些都是顯示生命的東西。

2. 晤談室不要有菸灰缸、心理師不要留鬍鬚，以及不使用躺椅，這些用來顯示心理師關心自己的健康，以及不需要隱藏在個案背後。

3. 晤談室不要有祕密通道，等候區要寬敞，這些是在呼應 80 年代個人心靈成長的趨勢。

4. 晤談室要有一個準時的時鐘，這是用來顯示心理治療是花在準確的時間上。

四 如何定價

在心理治療的專業裡，有一定的收費標準，通常由心理師公會提供給會員參考的收費標準，例如中華民國諮商心理師公會全國聯合會。

中華民國諮商心理師公會全國聯合會（2011）擬定的收費參考標準，如表 11-1 所示。全聯會考慮到城鄉差距，因此所擬訂的收費標準是一個收費範圍，我建議心理師可以參考全聯會的收費標準，以及執業縣市的生活水準，訂一個比平均高一點的收費標準。過低的收費標準對於心理師和個案都是不利的。

表 11-1 諮商心理師收費範圍建議表

項目	全聯會建議收費範圍
個別諮商	1,200～4,800元／時
婚姻／伴侶諮商	1,200～4,800元／時
家庭諮商	1,200～4,800元／時
網路諮商	1,000～1,600元／時
團體諮商或工作坊	1,600～4,800元／時
個別心理測驗	800～2,000元／人次／時
團體心理測驗	400～1,000元／人次／時
函件／EMAIL 諮詢	800～2,000元／人次／時
個別督導	1,600～4,000元／人次／時
團體督導	1,600～4,000元／人次／時
諮商出診費（交通費另算）	500～1,000元／次
心理諮商評估報告	500～2,000元／式

根據我在 2014 年所發表的心理師執業問卷調查，心理師收費標準平

均是介於新臺幣 1,000 元至 1,500 元，個人認為心理師可以根據自己的服務品質和專業技能訂定一個適當的收費標準，原則上要比這個平均數高，不要比這個平均數低。《蘋果日報》（沈能元、黃仲丘，2017）統計臺北市各大醫院自費心理諮商門診收費，如表 11-2 所示，也可以作為心理師定價的參考。表中的時間單位每個醫院不同，因此在定價時，除了考慮金額，也要明訂時間單位，以免民眾誤會。

心理師在訂定收費標準時，除了訂定一個公告的收費標準或牌價，還可以根據專業倫理提供經濟能力不佳的民眾一個優惠價或折扣價，例如沒有收入的學生、弱勢和低收入家庭，以及其他遭遇特殊境遇的民眾，視個案的個別狀況給予不同程度的折扣。

收費的項目可以包括：個別諮商、團體諮商、心理測驗、心理健康或功能評估等。個別諮商通常每節以 50 分鐘計算，團體諮商通常每節以 90 至 120 分鐘計算。團體諮商的成員至少要三個人才開團。

表 11-2 臺北市各大醫院自費心理諮商門診收費

醫院名稱	收費金額／時間單位
臺北榮總	1,600 元／60 分鐘
振興	1,500 元／60 分鐘
長庚	1,400 元／50 分鐘
北醫附醫	1,400 元／40 分鐘
國泰	1,000 元／30 分鐘
馬偕	1,000 元／60 分鐘
臺大	640 元／20 分鐘
新光	550 元／30 分鐘
北市聯醫	288 元／30 分鐘

註：金額為初診費用，不含掛號費。

五　不支付治療帳單的個案

　　有兩個原因容易導致個案不支付治療帳單，第一，心理師過度認同個案，因而難以對正在經歷個人困難的個案提出支付帳單的要求。心理師覺得自己是一個有無限同理心、耐心和理解的人，因此很難承認自己在做的心理治療是養家活口的生意。第二，心理師對於自己的心理治療很沒有信心，那些說金錢不重要的心理師，其實是在說，他們的心理治療不值得個案付錢。

　　我覺得從事私人開業的心理師，要有一個正確的心態，那就是私人開業就是從事營利事業，有經營的成本要負擔。在初談，甚至在電話預約的時候，就要告訴個案自己的收費標準，並且在獲得個案同意付費諮商之後，才開始進行心理諮商，不要讓個案誤會心理諮商是免費或是可以欠帳的。

　　對於有付費困難的個案，心理師要提醒個案這個問題，並且尋求解決。心理師也要避免讓個案積欠諮商費用太多太久，最好每次諮商後立即付費，超過兩次沒有付費的時候，心理師就要停止提供心理諮商。心理師可以告訴個案，等個案付清積欠諮商費之後，再恢復諮商晤談。

六　我的收費會破壞行情嗎？

　　據我的估計，心理諮商目前的收費行情是：50 分鐘的個別心理諮商是 1,000 元至 2,000 元，平均收費是 1,500 元。如果收費低於 1,000 元，便是屬於偏低的收費標準。由於心理諮商所是屬於營利事業，每位心理師可以根據自己的訓練成本和服務價值，自行訂定收費標準，因此，不同心理

師的收費標準便會不同。但是一位私人開業的心理師，如果將 50 分鐘的個別心理諮商的收費標準訂在 600 元，便有可能會被同業認為是破壞行情。

我認為心理師不是不可以提供 600 元的心理諮商，但是要有很好的說詞，也就是說心理師的收費標準是介於 1,000 元和 2,000 元之間，但是對下列的個案提供低於 1,000 元具有公益性質的心理諮商服務。

1. 沒有收入的學生。

2. 沒有收入或低收入的弱勢民眾。

3. 罹患重大傷病或精神疾病的民眾。

4. 特殊境遇的民眾。

我建議心理師公告不低於 1,000 元的心理諮商收費標準，但是在私下以打折扣的優惠價格，提供弱勢民眾心理諮商服務。我認為這種作法，不僅不會讓同業覺得是破壞行情，而且也符合專業倫理的精神。

七 與個案的電話聯繫

諮商中的個案打電話留言說要取消晤談，我建議聽到留言之後要盡快回電話給個案，主要有三點考量：第一，可以讓個案知道我們已經聽到他的留言；第二，可以了解個案為什麼要取消晤談；第三，我們可以和個案確認下次晤談時間。

當個案打電話取消本次的晤談時，應該立即、當下或盡快回電話，去了解為什麼對方想要取消晤談。如果個案取消的原因是和心理師有關時，應加以了解，並且約好下次晤談的時間。重要的是，澄清個案是想要取消本次的晤談或以後所有的晤談。即使我們在心理諮商的初期已經跟個案解釋過，諮商是長時間的，但是個案常會認為沒有約好下一次晤談的時間，

就表示以後都不用再來了。

如果自己因事因病不能看個案時，應盡早打電話給個案，取消本次晤談，並約好下次的晤談時間。如果前一天晚上或當天才要找個案取消晤談，很容易會因為臨時聯絡不到個案，造成雙方的不方便。

在第一次晤談時，一定要跟個案說明清楚收費的方式和內容，包括電話聯繫、寫報告、出庭，以及做測驗等，否則很容易會令個案產生反感，以至於傷害治療關係。初談時心理師可以憑經驗推測個案是否會用到個別諮商以外的服務，並提前告知個案可能涉及的費用。

華人社會的個案，沒有接受長期（>20 次）心理治療的習慣。我們在首次晤談的時候，是否要告訴個案治療時間的長短？我覺得有必要向個案建議，先進行 10 次的治療建議，10 次之後再根據治療效果的評估，來決定是結案還是繼續。有些個案雖然有經濟能力，仍然無法定期持續來接受治療，可能是因為生活忙碌、沒有時間，生活沒有結構，以至於經常取消或更改晤談時間，造成無法進行長期的心理治療。對於這樣的個案，要事先鼓勵對方給予承諾，否則治療效果會有限。

心理師常常生病或有事請假，會影響治療的進行，未能給予個案一種穩定可靠的治療關係和感覺。心理師有休假應提早說明，並建議個案也同時安排去休假。

八 開業初期提升知名度、又可以做公益的方式

心理師執業初期，由於沒有知名度，比較沒有個案。心理師如何提升知名度呢？有一些既可以提升知名度，又可以做公益的作法分享如下。

1.辦理免費諮詢日或義診活動。心理師可以每個月或每一季選擇一

天，提供社區民眾免費的心理諮詢服務。為方便安排心理師人力，建議採預約方式辦理，每人每次諮詢時間約 30 分鐘。

2. 提供首次晤談免費的優惠。心理師可以在執業初期，透過首次晤談免費的方式，吸引有需要的社區民眾來接受心理諮商。提供首次晤談免費可以讓民眾有機會體驗心理諮商的服務，有機會直接認識心理師。有一部分的民眾可能會選擇付費繼續晤談，或者因為對心理師留下好的印象，可能會介紹其他親友來做心理諮商。

3. 辦理免費社區心理衛生講座。心理師可以透過公會、機關、學校或社團的聯繫，主動提供免費講座。每個月只要安排一、兩場，長期下來將可以逐漸打開知名度。每次演講之後總會有幾位聽眾想要進一步預約心理諮商。

4. 撰寫心理衛生議題文章投稿報章雜誌或網路部落格。心理師執業初期，空閒時間比較多，可以針對時事或民眾關心的心理衛生議題，撰寫短篇文章，以無酬方式投稿，比較容易被刊登。這種透過平面和網路媒體發表文章的方式，不僅可以建立專業形象，也可以打開知名度，民眾閱讀文章之後，有可能會前來預約心理諮商。

九 借重他人的執業經驗

私人開業的初期，由於經驗不足，最好能夠請私人開業經驗豐富的心理師擔任督導，可以少走一些彎路。

在晤談時，我們很容易花較多力氣試圖給個案好印象，花較少時間在了解個案。我們總是試圖要去指導和教導個案，而花很少的時間去建立良好的治療關係。

在晤談時，我們應該要多去協助個案面對自己的感覺，不要急著去治療他或改變他。隨著晤談的展開，個案的人格模式或問題模式自然會浮現，等到這時候，再來協助個案覺察自己的問題模式才比較適當。

在晤談初期，個案往往說不清楚自己的問題，如果我們太快就跳到問題解決的話，晤談效果自然很有限。心理師一定要學習耐心等待，只要我們持續的關心和理解個案，個案慢慢的就會理出頭緒，說出自己的諮商目標或問題所在。

很多年前我曾去參加私人開業工作坊，講師 Steve Base 給了一些不錯的建議，摘錄如下：

1. 對於電話諮詢是否收費的問題，他的作法是不會對電話諮詢收費，但是會盡量限制在 10 分鐘以內。

2. 對於私人開業，他會建議心理師盡量多元化，不要只做個別諮商。他說一輩子天天關在晤談室做諮商，是不健康的工作方式，要盡可能讓工作多樣化，例如去帶團體、演講、教書、帶領工作坊、寫文章，或做諮詢等。

3. 盡量不要宣稱自己是心理治療師，因為這個稱呼會讓個案和民眾感到不安，最好重新框架自己是助人工作者，協助民眾改變和成長，幫助民眾學習溝通，學習去愛和去工作等。

4. 對於負擔不起你的收費標準的個案，你可以聘請資淺的心理師或實習心理師以較優惠的收費來服務他們，收到的諮商費可以三七分。

➕ 心理師如何幫助個案？

我在閱讀 Malcolm（1982）寫的《精神分析：不可能的專業》（*Psycho-*

analysis: Impossible Profession）這本書後，很有感觸和心得，對心理師如何幫助個案有更多的體會，茲摘錄如下：

1. 心理治療是一個類似陷入戀愛的過程，因此心理師需要提供個案一個舒適、溫暖、真誠的治療經驗。心理師要關注的重心是個案對於現實的感覺和情緒，而不是現實本身。個案對於現實的知覺才是最重要的，而不是現實本身。在良好的治療關係之下，我們可以幫助個案釐清現實和他們對現實的扭曲。

2. 協助個案學習使用不評價的態度進行自我觀察，是幫助個案接觸自己的感覺和現實的關鍵。不僅心理師在晤談時不要評價個案，個案也要學習使用不評價的態度來觀察自己，這是一個有助於自我覺察和領悟的重要工具。

3. 由於對自己的無知，個案才會受苦。心理師可以透過提供個案問題相關資訊、早年經驗等等，來消除這些無知。無知一旦消除，個案自然就會恢復健康。

4. 付費接受心理治療是有益健康的，個案透過付費來進行心理治療有助於提高動機和責任感。缺少付費的規律效應，會讓雙方覺得痛苦，而且也會讓人覺得心理治療的關係是脫離現實的。

5. 正確的執行心理治療就是對個案指出，對於某些事情他該思考的時候怎麼會不思考，該感覺的時候怎麼會不感覺。這樣做可以幫助個案更加自覺，而不會讓逃避或藉口繼續自動化的發生。

6. 對個案的心理分析要愈中性、溫和、沒有色彩、沒干擾，理解也就愈好，這樣個案也會用同樣的態度對自己。久而久之，即使沒有治療師，個案也會如此對待自己。

7. 心理分析的目的不在於教導個案關於現實的本質，而是在於讓個案學會認識自己、認識內心的小孩，以及內心小孩不可能的渴望。

第十二章

初次晤談教學案例

一‧教學案例：憂鬱的李太太

二‧討論與反思

三‧教學案例：我該離婚嗎？

四‧討論與反思

為了兼顧維護個案隱私和臨床教學，我選擇了早期在美國執業時看過的兩個案例，修改了他們的基本資料和故事情節，撰寫這兩個案例用來呈現心理諮商的初次晤談，作為臨床教學使用。當事人的姓名、背景，以及故事情節，如果與讀者的經歷雷同，純屬巧合，特此說明。

 教學案例：憂鬱的李太太

【電話預約，6/17】

下午接到一位李太太的電話，她說很緊急，但一下子也說不清楚是什麼問題，只想盡快約個時間見我。我說今天晚上六點鐘，我可以見你。她說不行，她要帶女兒去學校。最後，她同意明天下午五點來見我。

【初次晤談，6/18】

李太太提早幾分鐘來到診所，神情沮喪，頭低著，好似陷入自己的愁苦中。

林（本書作者的簡稱）：李太太，你以前看過心理治療嗎？

李：看過，只看了幾次。三年前，我因為精神受不了，肌肉緊張痠痛，請了六個月的病假。那個時候，除了看家庭醫師，還去看了一位心理師。那個時候，我並不想去找心理師，我認為我的問題可以自己解決。六個月後，我就回去上班，可是情況並不好，我總是很勉強的撐著去上班。我的問題就一直拖到現在，我已經受不了了。平常我已經是一個很衝動的人，現在只要任何人刺激我一下，我可能會失去控制，做出一些讓自己後悔的事情。我甚至

開始懷疑別人用特別的眼光在看我。我以前不是這個樣子的。現在，覺也睡不好，體重瘦了 15 磅，精神很差，根本無法專心工作。開車的時候，如果心情不好，我會有一種衝動，在高速公路上的彎道開快車，讓自己失去控制。

李太太一邊說，一邊試圖控制自己的情緒，一說到傷心處，便不斷掉眼淚，卻又想勉強忍住不哭出來。臉色有時變得通紅，在憂鬱的眼神中，帶著許多的焦慮和恐懼。

林：你看過精神科醫生，吃過藥嗎？

李：沒有，以前家庭醫生曾開一些肌肉鬆弛的藥。我一直都不肯去看精神科醫生和心理師，因為我覺得我的問題可以自己解決。

林：是什麼讓你改變想法來看我呢？

李：事情是這樣的，前天我在上班的時候，我總覺得有一兩位同事故意跟我過不去，令我心情很沮喪，再加上我先生一下子說愛我，一下子說不愛我。我先生和我兒子經常吵架，我先生是我兒子的繼父，我一直夾在中間，兩面不討好，一連串的挫折和刺激，搞得我幾乎要崩潰了。我在上班的時候，因為心裡難過，自己都不能控制地就大哭起來，我覺得很難堪，趕緊跑去廁所哭。後來，我覺得我如果再不看醫生，我一定會崩潰。於是，我去公司的醫務室找醫生看，醫務室的醫生不願意看我，反而叫我打電話給你們。

林：今天我們有 50 分鐘的談話時間，今天談話的目的，是要對你的情況做一個評估，然後我會給你一些有關心理治療的建議。

今天初次晤談的主要目的，是為個案進行心理健康檢查。心理健康檢查的內容，通常包括詢問個案下列的問題：

1. 睡眠如何？會不會失眠？

2. 胃口如何？體重有無增減？

3. 觀察個案的神情、臉色，是否憂鬱、緊張、焦慮？

4. 想不想自殺？怎麼想的、有沒有做過？

5. 想不想去傷害別人？怎麼想的、有沒有做過？

6. 一個人的時候，會不會聽到聲音？

7. 會不會懷疑別人？覺得別人在做一些對自己不利的事情？

8. 了解個案的智力和認知功能，是否有自省能力？是否衝動？

9. 詢問個案過去有沒有經歷過創傷？例如兒童虐待、配偶虐待、意外事件等？

10. 了解個案是否吸菸、喝酒、濫用藥物？

11. 了解個案以前的身心病史。

12. 了解個案家庭的身心病史。

13. 了解個案的家庭關係。

14. 了解個案的法律相關事件。

根據對個案各種心理症狀的了解與評估，以便進行診斷，李太太的問題可以歸納為下列幾方面：

1. 無法控制自己的情緒。情緒不穩定，容易受刺激而心情不好，包括想哭、想發脾氣、心情沮喪等。

2. 無法控制自己有傷害自己和別人的念頭。由於長久累積對同事與對先生的不滿，心理無法平衡，對於自己無法處理與人的衝突而生自

己的氣。再加上內心的痛苦實在受不了，便想到或許死了就一切煩惱都沒有了。

3. 夾在先生和兒子之間，左右為難，不知如何是好？先生和兒子的衝突已經到了勢不兩立的程度，李太太感到十分痛苦。再加上先生一下說愛自己，一下子說乾脆分手算了，搞得李太太心裡十分迷惘。先生出門不喜歡帶自己和孩子，李太太不知道自己還愛不愛他？不知道想不想要挽救這個婚姻？

4. 由於精神不好，影響睡眠和飲食，更影響到工作。李太太平常既不飲酒也不抽菸，現在心情一不好，就喝起酒、抽起菸來，自己都覺得是在戕害自己的健康，可是不這樣做，精神實在痛苦不堪。

在今天談話結束的時候，我建議李太太接受心理治療，以及去看一下精神科醫師。李太太同意我的建議，於是約好每星期二上午 11 點來接受心理治療。我也同時為她安排一位精神科醫師，請醫師開點藥給她吃，以便幫助她穩定情緒。

 討論與反思

• 開始心理治療之前，你會先做初次晤談嗎？初次晤談時，你會收集哪些個案資料？你會進行心理健康檢查嗎？

• 根據上述初談資料，你認為個案的主要問題是什麼？是情緒問題、婚姻問題、家庭問題、工作問題，還是心理疾病問題？你認為個案的症狀和功能損害是否已經達到心理疾病的診斷標準？你會給個案什麼樣的診斷名稱呢？

1. 在心理治療之前，我都會對每一位新的個案進行心理健康檢查和診斷評估。李太太的臨床症狀包括：情緒低落、體重下降、失眠、自殺意念、肌肉痠痛、情緒不穩定容易哭泣等。李太太的功能損害包括職業功能和親職功能。根據李太太的臨床症狀、功能損害以及過去的心理疾病史，我評估她罹患重度憂鬱症（major depression）。

2. 在結束初次晤談之後，除了進行評估診斷，我們需要針對個案的評估診斷和需要，提出治療計畫。李太太的治療計畫主要是個別心理治療，每週一次，以及精神科藥物評估和治療，這方面我會轉介個案去看精神科醫師。

3. 心理師如果經常和心理疾病患者工作，最好有幾位自己認識的精神科醫師，可以一起合作協助個案。在徵求個案的同意之後，心理師和精神科醫師也可以進行必要的溝通和諮詢，共同對個案提供最好的診療服務。

三 教學案例：我該離婚嗎？

【電話預約，10/10】

蘇小姐打電話給我，想約一個時間諮商，她的保險公司特約心理師轉介她來看我。確認她有私人健康保險來支付她的諮商費用之後，我們約好第二天開始晤談。

【初次晤談，10/11】

蘇準時前來。她的身材中等、略顯福態、衣著得體。態度略顯不安，不知道如何說或做什麼才好。我先自我介紹，然後請她填寫初談登記表。

我覺得有必要在諮商之前，先了解個案的基本資料，如姓名、住址、電話、婚姻狀況，以及轉介人等。如果沒有這些紀錄，將來時間久了，我可能對當事人就沒有印象了。更重要的，在緊急的時候，可以聯繫到個案。當事人是否成為我的個案，這個簡單的初談（掛號）程序，是一個很清楚的界定。個案在填寫初談登記表的同時，也正式地界定自己為一個個案，我為他／她的心理師。

我問她是否看過心理諮商。沒有心理諮商經驗的人通常不清楚心理諮商是怎麼一回事，不知道自己該說什麼、該怎麼說、擔心說話內容是否保密、晤談時間怎麼計算，以及這一次談完之後，又要如何？蘇表示她以前沒有看過心理諮商，這是第一次，於是我告訴她：

> 心理諮商就像是我們現在講話，你的工作就是說話，說出你想談的事情、問題、想法或經驗，在我們會談的這個時間，想到什麼就說什麼。我的工作就是協助你去澄清、探索你的事情、想法、經驗或問題。你可以在這裡提出任何你想談的事情，任何事情都可以，這段時間是你的，你要怎麼使用都可以。我們談話的內容是保密的，不用擔心你的老闆或其他人會知道你來這裡談什麼。除非得到你的同意，我不會把我們的談話內容告訴其他人，包括你的家人、朋友或公司。不過有三種情形是不能保密的：第一，你想要傷害自己，例如自殺；第二，你想要傷害別人，例如去殺害別人；第三，虐待兒童，例如體罰小孩。根據法律，在這三種情況之一的時候，為了保護你和他人的安全，是不能保密的。

> 心理諮商的方式通常是每週一次，每次 50 分鐘，每週固定同一個時間，這樣我們可以避免每次約時間的麻煩，如果下個星期你或我

有事情，我們就暫停一次，下下週同一個時間繼續見面晤談。你有事想取消晤談的話，請在 24 小時之前通知我。每個星期我會保留這個小時給你，如果你遲到 20 分鐘，那麼你就只剩下 30 分鐘可以談。

接下來我問她對於我的說明有什麼問題，她表示沒有。通常第一次晤談，我會先了解個案的問題和背景，也就是一般所說的心理評估和診斷。接著我問她：「你能不能談一談，為什麼會來看我？你今天為什麼會在這裡？」

蘇說，她因為婚姻問題，覺得心裡很痛苦，經常睡不好、發脾氣，幾乎影響上班。為此她打電話給健康保險公司的特約心理師，談了兩次，但覺得對方是白人，對她的文化背景不了解，希望能找一位華人心理師，因此她便被轉介來看我。「事情是這樣的，」蘇開始細訴她的困擾所在：

今年七月我的父親在東南亞病得很嚴重。我是長女，常年在美國，無法照顧他，心裡很有罪惡感。我徵求我先生的同意，讓我回去照顧父親。回去一個月之後，父親病情仍然沒有好轉，可是我畢竟是嫁出去的女兒，作為人妻我不可能一直待下去，放著先生不管，於是為了先生，我在八月底回來美國。

我很興奮地回到丈夫的身邊，可是他卻變了，變得冷冷的，我開始不安起來。我再三逼問他到底怎麼了？他說，我們在一起並不快樂，我不會生孩子。我承認自己不能生孩子，對他是一個很大的家庭壓力。為了治療不孕症，我還去看不孕症的婦產科醫生。他也曾經抱怨我身材太胖不好看，我也盡力減肥。可是這些問題並不是我回東南亞一個月才有的，以前我有這些問題的時候，他還是對我很好啊，現

在他卻變了。

當我開始懷疑他有外遇的時候，心裡更加地不安起來，我質問他，他總是否認。每次講不到兩句話，我們就吵起來。他不是不理我，就是開車出去。我生氣起來，就罵他、打他。我們已經很久不講話了，也很久沒做愛了。我覺得他很壞，為什麼不能夠在我父親生命垂危的時候，多體諒我，還要對我冷冰冰的。

我愈來愈受不了他的態度，也愈來愈懷疑他有外遇卻騙我沒有。我是天主教徒，無法容忍先生有外遇，或者離婚。我要他和我一起去找神父，請神父幫忙我們，可是他還是否認他有外遇，而且把婚姻不快樂都怪罪到我身上，說我不會生孩子之類的話。最後見了神父兩次之後，他拒絕再去，也就不了了之。

我知道我們已經沒有感情了，再這樣拖下去，我會發瘋的，說不定連工作都保不住。我很痛苦的選擇我最不喜歡的路——離婚，有一天晚上，我告訴他，我們寫好離婚同意書之後，他就搬出去。

在我叫他搬出去的那天晚上，他一個晚上都沒有睡覺，走來走去。兩天以後，他的媽媽打電話來，我告訴婆婆我們正要離婚的事，他和媽媽在越洋電話裡講了一個多小時。我猜婆婆設法勸阻他，要他改變態度對我好一點，要他試著挽回我們的婚姻。大概聽了婆婆的利害分析之後，他開始改善對我的態度，這個星期我們在吵架之後，還做了愛，他想要我也想要。雖然滿足了生理上的需要，可是心靈上我們還是隔的遠遠的。

第一次晤談時，蘇就像遇到知音一樣，盡情暢快的訴說她的遭遇和困擾。在心理諮商中，她找到心理師得以暢所欲言，對她精神上的苦悶有很

大的宣洩效果，在心情上她會感覺舒坦很多。另一方面，讓她有機會聽聽自己的傾訴，可以增加對自己的認識，這些都會對蘇有很大的心理療癒。

　　我一方面傾聽，一方面引導蘇去感覺自己的心情、去認識自己的想法、去有意識的整理自己的情感經驗。蘇生長在一個傳統的中國家庭，從小受到儒家文化和天主教教義的影響，她很願意做一個賢妻良母，努力去為先生生小孩，努力去遷就先生的個性和嗜好，竭盡所能的想去挽救一個瀕臨破碎的婚姻。她可以不顧人們對於看心理諮商的疑慮，放下知識分子的身段，去請教神父和心理師來幫助解決迫在眼前的婚姻危機。心裡百般不願意離婚，卻又無法忍受先生的外遇，是蘇最大的心理衝突。深受傳統文化和天主教影響的她，要如何面對即將來臨的婚姻危機呢？今天談話結束之前，我明白地告訴蘇，無論如何，她來看心理諮商便是一個好的、善待自己的開始，也是對自己心靈的一種照顧，我說：

　　　　我是一名心理師，我關心當事人的心理健康，我知道你是為婚姻問題而來，希望我能夠幫助你解決婚姻問題。但是，心理諮商只能幫助你心理更健康、精神更愉快，卻不能保證一定可以解決你的婚姻問題。我認為你的健康最重要，唯有當你的心理更健康的時候，你才有能力去處理婚姻或任何問題。不論將來你是否離婚，心理諮商的結果是希望能夠讓你更健康、更快樂。

　　蘇顯然明白，而且同意我的看法，我們約好每週固定會談時間，那就是每星期四下午 5 點。

四 討論與反思

（一）心理諮商知後同意的說明

　　和個案第一次諮商晤談時，你是否會對個案進行知後同意的說明？如果是，你會怎麼說？你認為哪些事項需要事先讓個案知道？

　　當事人第一次來接受心理諮商的時候，我都會例行的進行知後同意的說明，說明心理諮商進行的方式、我對當事人的期待，以及諮商晤談內容的保密和限制。在初談的時候，我會先請個案填寫一張初談登記表，然後進行口頭的知後同意，並且回答個案的問題。關於諮商晤談的時間和支付費用的方式，也會做清楚的說明，避免個案對諮商時間和費用產生誤會。

（二）問題評估與診斷

　　你對蘇小姐的評估和診斷會是什麼？你認為蘇的婚姻問題、情緒困擾，以及身心症狀是否符合 DSM-5 的心理疾病診斷？

　　使用健康保險來支付心理諮商費用的個案，我通常會依據 DSM 進行心理疾病的診斷，因為健康保險不會支付沒有心理疾病的個案。蘇小姐如果在非醫療機構接受心理諮商，我可能不會給她心理疾病的診斷。初診時，我根據 DSM 的評估準則，給她的診斷是適應障礙症，這是 DSM 裡面最輕微的心理診斷。如果採用 DSM-IV 的五軸診斷法的話，我會在第三軸上註明不孕症。

（三）諮商目標

蘇小姐求助心理師的目的是希望解決婚姻問題，你是否會認同個案，把改善婚姻問題作為心理諮商的目標？

我覺得心理師的工作目標是增進個案的心理健康，不論個案是否罹患心理疾病，是否帶著特定的問題或困擾來求助，我心中會把促進個案的整體心理健康列為諮商目標。促進心理健康這個大目標，通常可以涵蓋個案各式各樣的諮商目標。以蘇為例，她的主訴和求助目標是改善婚姻問題，基本上可以涵蓋在心理健康的大目標之下。但是我不會把心理諮商的工作限縮在婚姻問題，我覺得個案的個性問題或問題模式才是更需要關注的焦點。面對想要解決婚姻問題的個案，心理師必須誠實告訴個案：心理諮商的結果可以幫助個案的心理更加健康，但是不能保證一定可以解決她的婚姻問題。在這個案例裡，我盡量避免給個案建議或幫她做決定，我再三的回饋給個案，有關於她的個性問題和問題模式。我認為個性問題或問題模式才是婚姻或關係問題的根源，增進個案的自我覺察和領悟才是心理諮商的真正目標，而不是婚姻問題的解決。

（四）問題模式

在心理諮商的時候，我會從個案的主訴、問題發展史，以及她和我的諮商互動，來觀察和辨識她的問題模式。問題模式的覺察和改變也不是短時間可以做到的，因此心理師要非常有耐心，在心理諮商的時候，不僅要處理個案主訴的問題，也要幫助個案覺察自己的個性問題或問題模式，這樣做才是真正做到治標又治本。

參考文獻

中文部分

中華民國諮商心理師公會全國聯合會（2011）。心理諮商建議收費範圍。載於**第一屆第八次理監事聯席會議紀錄**。臺北市：作者。

王芳（2016）。**「異常行為的特徵與干預」課程學習心得**（2016/8/5）。（未出版）

王麗斐、杜淑芬、羅明華、楊國如、卓瑛、謝曜任（2013）。生態合作取向的學校三級輔導體制：WISER 模式介紹。**輔導季刊，49**（2），4-11。

白雲波（2016）。**「異常行為的特徵與干預」課程學習心得**（2016/8/5）。（未出版）

沈能元、黃仲丘（2017 年 4 月 30 日）。心理諮商就診暴增三成。**蘋果日報**。取自 www.appledaily.com.tw/appledaily/article/headline/20170430/ 37634821/

林家興（2014）。臺灣諮商心理師執業現況與執業意見之調查研究。**教育心理學報，45**（3），279-302。

胡君梅、黃小萍（譯）（2013）。**正念療癒力：八週找回平靜、自信與智慧的自己**（原作者：J. Kabat-Zinn）。臺北市：野人。

許玉霜（2017）。**個人通訊**（2017/6/4）。（未出版）

曾光佩、林惠蓉、王如、黃美月、黃春偉、陳喬琪（2007）。臺北市社區心理諮商服務之滿意度調查。**北市醫學雜誌，4**（6），451-459。

楊海菊（2016）。「**異常行為的特徵與干預**」課程學習心得（2016/8/5）。
（未出版）

賴隆彥（譯）（2012）。**平靜的第一堂課：觀呼吸**（原作者：德寶法師）。
臺北市：橡樹林文化。

英文部分

American Psychological Association [APA] (2017). *How to choose a psychologist?* Retrieved June 6, 2017, from http://www.apa.org/helpcenter/choose-therapist.aspx

Dullea, G. (1983, July 4). Therapist's décor: Do the patients count? *New York Times Magazine.*

Editors of The American Heritage Dictionaries (Ed.). (2002). *The American Heritage Stedman's medical dictionary.* Boston, MA: Houghton Mifflin.

Malan, D. (1979). *Individual psychotherapy and the science of psychodynamics.* London, UK: Butterworth.

Malcolm, J. (1982). *Psychoanalysis: Impossible profession.* New York, NY: Random House.

Merriam-Webster (2017). *Definition of professionalism.* Retrieved June 2, 2017, from https://www.merriam-webster.com/dictionary/professionalism

Wikipedia (2017). *Psychologist.* Retrieved June 2, 2017, from https://en.wikipedia.org/wiki/Psychologist

Wilson, K. G., Sandoz, E. K., Kitchens, J., & Roberts, M. (2010). The Valued Living Questionnaire: Defining and measuring valued action within a behavioral framework. *The Psychological Record, 60,* 249-272.

中文索引

三級預防　21, 115, 130, 131, 132

口頭報告　157, 158

大學諮商中心　9, 18, 26, 37, 163, 164, 166

不自殺承諾　49, 66, 67

不適應行為　17, 18, 54, 55, 61, 62, 86

反移情　49, 55, 56, 96

心理分析學派　34

心理治療所　13, 15, 29, 30

心理社會功能　31, 36, 68, 85

心理健康檢查　161, 180, 181, 182

心理復健　21, 130

心理衡鑑　13, 14, 28, 31, 47, 70, 136, 138, 154, 156

心理諮商所　13, 15, 28, 29, 30, 117, 149, 156, 170

支持性服務　115, 123, 124

主治心理師　13, 15

主治醫師　13, 166

主要治療對象　74

主訴　23, 24, 29, 33, 37, 38, 48, 50, 54, 57, 71, 72, 84, 85, 107, 161, 162, 163, 188

功能水準　35, 36

功能損害　29, 32, 35, 79, 181, 182

犯罪少年　75, 89, 94, 98

生物心理社會模式　34

生活價值量表　87

生活調適愛心會　69

全科心理師　136, 138, 141

全職實習　136, 137, 138, 140, 141, 143, 144, 150, 151, 152, 154, 155, 156

列治文心理衛生中心　25

危機處理　9, 13, 19, 21, 74, 120, 130, 131, 133, 156

同理心　61, 86, 170

回憶稿　149, 154, 157, 158, 159

多重關係　98, 102, 108, 109, 119

收費標準　168, 169, 170, 171, 174

次級預防　21, 130, 131

自由聯想　34, 55, 71, 72

行政督導　150

行政轉介　89, 97

行動心理師　165, 166

伴侶諮商　67, 68, 168

宋晏仁　132

投射技術　49, 63, 64

沙遊治療　64

身體工作　52

防衛　43, 44, 55, 58, 59, 60, 61, 86,
　　　97, 99

兒童虐待　107, 108, 180

初級預防　19, 20, 21, 130, 131

初談　23, 24, 25, 26, 27, 28, 29, 33,
　　　35, 37, 38, 54, 70, 78, 84, 97, 170,
　　　172, 181, 182, 183, 187

初談登記表　37, 182, 183, 187

初談評估　25, 26, 28, 29, 54, 78

協同會談　49, 69, 70, 91

性侵害　89, 96, 98, 106, 107, 108, 152

性騷擾　9, 17, 18, 95

治療師　10, 146, 174, 175

直接服務　18, 19, 20, 21, 115, 121,
　　　132, 150

直接個案服務　70, 71

知後同意　47, 70, 95, 105, 119, 187

社工師　10, 28, 30, 94, 108, 120, 130,
　　　131, 151, 157, 164, 167

社交媒體　23, 26, 27, 48

社區心理衛生中心　19, 20, 21, 29,
　　　30, 131

社區心理諮商門診　132

非自願個案　89, 95, 97, 98, 99

非行少年　94, 98, 108

保護管束　98

品牌名稱　125, 126

派案會議　25, 26

重度憂鬱症　182

面質　49, 61, 62

個案研討會　33, 37, 74, 156, 159,
　　　160, 161

個案教育　46

個案報告　159, 160, 162, 163

個案評估　23, 29, 31, 32, 33, 34, 35,
　　　38, 78, 91, 159

個案概念化　23, 32, 33, 74, 143, 144,

158, 159, 162

個案管理　13, 14, 21, 28, 70, 71, 94,
　　102, 120, 124, 155, 156, 157

倫理守則　116, 117, 118, 119

家庭暴力　76, 106, 107, 152

校安通報　106

健康服務中心　132

區別診斷　29, 30, 31, 32, 33, 163

執業準則　115, 116, 117, 118, 119

基層衛生所　132, 133

專業界線　40, 101, 110, 119

專業素養　9, 11, 12, 118

專業督導　150, 151

專業認同　9, 10, 18, 118, 151, 164

強迫重複　34, 49, 56, 57, 77, 82

排入　32

排出　32

涵容　49, 61, 62

移情　34, 44, 49, 55, 56, 57, 58, 71,
　　72, 96

處方箋　14, 115, 124, 125, 126, 127

設限　49, 61, 62

責任心理師　117, 118

逐字稿　149, 157, 158

焦慮　30, 43, 49, 58, 59, 60, 61, 65,
　　85, 91, 92, 93, 128, 140, 179, 180

畫人測驗　63, 64

發展史　33, 89, 90, 161, 188

間接個案服務　49, 70, 71

照護層級　23, 29, 30, 31, 81

當下功能　36

督導心理師　117, 118, 137, 154, 157,
　　164

督導制度　149, 157

解析　71, 72

電話追蹤　149, 163, 164

電話諮詢　29, 30, 149, 163, 164, 174

電話諮詢專線　29, 30, 163

團體治療　68

實習制度　150

精神科醫師　10, 14, 15, 124, 125,
　　150, 151, 154, 164, 181, 182

網路諮商　47, 117, 119, 168

認知治療學派　33

暫停　18, 51, 55, 184

模式辨識　73, 77

潛藏的慾望　58, 59, 60

衝突三角　49, 58, 59, 60, 61

諮商督導
的臨床筆記

輪訓　135, 140, 141

學生輔導中心　18, 19, 20, 26, 29, 30

學名藥　126

學校心理師　16, 40, 115, 119, 120,
　　155

學校諮商師　10

獨立成年　93

諮商架構　16, 17, 18, 39, 40, 54, 62,
　　105, 158, 159

諮商師　10, 143, 144

諮商級個案　29, 75

錄音　135, 141, 142, 149, 154, 157,
　　158, 159

錄音檔　142, 149, 154, 157, 158, 159

檢傷分類　29, 74

臨床判斷力　74, 75

臨床敏感度　73, 74, 75

醫策會　136, 166

醫療性服務　115, 123

醫療級個案　29, 75, 76

雙重忠誠　101, 103

雙重關係　101, 105, 109, 111

關係學派　34

霸凌　76, 97, 115, 120, 121

英文索引

acting in　49, 54, 55, 62

Acting out　49, 54

anxiety　58

attending physician　13

attending psychologist　13

bio-psycho-social model　34

bodywork　52

brand name　125

case conceptualization　32

chief complaint　37

client education　46

clinical judgement　74

clinical sensitivity　74

code of ethics　116

collateral session　69

confrontation　62

contain　61

counseling structure　40

counselor　10

counter transference　55

couple counseling　67

current functioning　36

DAW　126

defense　58

direct client service　70

disposition meeting　26

draw-a-person test　63

DSM　33, 35, 187

DSM-5　35, 187

DSM-IV　35, 187

emancipation　93

empathy　61

Facebook　27

free association　55

freelance psychologist　166

functional impairment　35

generic name　126

group therapy　68

hidden desire　58

Identified Patient, IP　74

indirect client service   70

informed consent   95

intake   24, 28

intake evaluation   28

internet counseling   47

involuntary client   95

juvenile delinquent   94

Kabat-Zinn   64, 65

level of care   29

level of functioning   35

limit setting   62

Line   26, 27, 39, 48, 118

major depression   182

Malan   49, 58, 59, 60

Malcolm   174

pattern recognition   77

practice guideline   116

prescription   14

primary prevention   20

professional boundary   40

professional identity   10

professionalism   11

projective techniques   64

psychiatrist   10

psychological assessment   31

repetition compulsion   56

Richmond Maxi-Cenfen   25

Rogers   145, 146

rule-in   32

rule-out   32

sandplay therapy   64

school counselor   10

secondary prevention   21

social media   26

social worker   10

tertiary prevention   21

Therapist   10

The Valued Living Questionnaire   87

time out   18

transference   55, 56

triage   29

triangle of conflict   58

Yalom   144, 146

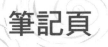

筆記頁

筆記頁

筆記頁

國家圖書館出版品預行編目（CIP）資料

諮商督導的臨床筆記 / 林家興著. --初版. --新北市：
　心理, 2017.09
　　面；　公分. --（輔導諮商系列；21118）
　　ISBN 978-986-191-789-4（平裝）

　　1. 諮商　　2. 心理治療

178.8　　　　　　　　　　　　　　　　　　　106015982

輔導諮商系列 21118

諮商督導的臨床筆記

作　　者：林家興
執行編輯：陳文玲
總　編　輯：林敬堯
發　行　人：洪有義
出　版　者：心理出版社股份有限公司
地　　址：231026 新北市新店區光明街 288 號 7 樓
電　　話：(02) 29150566
傳　　真：(02) 29152928
郵撥帳號：19293172 心理出版社股份有限公司
網　　址：https://www.psy.com.tw
電子信箱：psychoco@ms15.hinet.net
排　版　者：菩薩蠻數位文化有限公司
印　刷　者：竹陞印刷企業有限公司
初版一刷：2017 年 9 月
初版二刷：2021 年 5 月
Ｉ Ｓ Ｂ Ｎ：978-986-191-789-4
定　　價：新台幣 250 元